Gerhard Ludwig Müller

Pobre para os pobres

A missão da Igreja

Dados Internacionais de Catalogação na Publicação (CIP)
(Câmara Brasileira do Livro, SP, Brasil)

Müller, Gerhard Ludwig
  Pobre para os pobres : a missão da Igreja / Gerhard Ludwig Müller ; [tradução Jaime A. Clasen]. – São Paulo : Paulinas, 2014. – (Coleção teorama)

  Título original: Povera per i poveri : la missione della chiesa.
  ISBN 978-85-356-3784-7

  1. Igreja Católica - Missões 2. Igreja e pobres 3. Igreja e problemas sociais 4. Teologia da libertação I. Título. II. Série.

14-05487   CDD-261.8

Índice para catálogo sistemático:
1. Teologia da Libertação : Cristianismo   261.8

1ª edição – 2014

Título original da obra: *Povera per i poveri: La missione della Chiesa*
© Libreria Editrice Vaticana, 2014.

Direção-geral: Bernadete Boff

Conselho editorial: Dr. Afonso M. L. Soares
Dr. Antonio Francisco Lelo
Maria Goretti de Oliveira
Dr. Matthias Grenzer
Dra. Vera Ivanise Bombonatto

Editora responsável: Vera Ivanise Bombonatto
Copidesque: Ana Cecilia Mari
Coordenação de revisão: Marina Mendonça
Revisão: Patrícia H. S. de Paula
Gerente de produção: Felício Calegaro Neto
Projeto gráfico: Manuel Rebelato Miramontes

Nenhuma parte desta obra poderá ser reproduzida ou transmitida por qualquer forma e/ou quaisquer meios (eletrônico ou mecânico, incluindo fotocópia e gravação) ou arquivada em qualquer sistema ou banco de dados sem permissão escrita da Editora. Direitos reservados.

Paulinas
Rua Dona Inácia Uchoa, 62
04110-020 – São Paulo – SP (Brasil)
Tel.: (11) 2125-3500
http://www.paulinas.org.br – editora@paulinas.com.br
Telemarketing e SAC: 0800-7010081

© Pia Sociedade Filhas de São Paulo – São Paulo, 2014

Sumário

Prefácio do Papa Francisco 5

A MISSÃO LIBERTADORA DA IGREJA

I. Palavra de Deus e sinais dos tempos 13
II. O desenvolvimento humano entre criação e acabamento: Notas sobre a Encíclica *Sollicitudo rei socialis* de João Paulo II 19
III. A Teologia da Libertação hoje 31
IV. "Examinai tudo e ficai com o que é bom" (1Ts 5,21). 25 anos da Instrução *Libertatis conscientia*, sobre a Teologia da Libertação 44

A MISSÃO EVANGELIZADORA DA IGREJA

I. A fé: verdadeira riqueza da Igreja 53
II. "Do Deus dos mortos ao Deus dos vivos" 70
III. Desafios para a teologia no horizonte contemporâneo 82

DA AMÉRICA LATINA À IGREJA UNIVERSAL

I. A opção preferencial pelos pobres em Aparecida, por Gustavo Gutiérrez 99

| II. | A espiritualidade do acontecimento conciliar, por Gustavo Gutiérrez | 125 |
| III. | Pobreza: o desafio da fé, por Josef Sayer | 144 |

Fontes 159

Prefácio do Papa Francisco

Quem de nós não se sente pouco à vontade apenas ao se defrontar com a palavra "pobreza"? Há tantas formas de pobreza: físicas, econômicas, espirituais, sociais, morais. O mundo ocidental identifica a pobreza antes de tudo com a ausência de poder econômico e acentua negativamente este *status*. O governo dele, de fato, se funda essencialmente sobre o enorme poder que o dinheiro adquiriu hoje, um poder aparentemente superior a qualquer outro. Por isso, ausência de poder econômico significa irrelevância em níveis político, social e até humano. Quem não possui dinheiro é considerado apenas à medida que pode servir a outros fins. Há muitos tipos de pobreza, mas a pobreza econômica é a que é olhada com maior horror.

Há uma grande verdade nisto. O dinheiro é um instrumento que de algum modo – como a propriedade – prolonga e aumenta as capacidades da liberdade humana, permitindo a ela atuar no mundo, agir, dar fruto. De per si é um instrumento bom, como quase todas as coisas de que o homem dispõe: é um meio que alarga as nossas possibilidades. No entanto, esse meio pode voltar-se contra o homem. O dinheiro e o poder econômico, de fato, podem ser um meio que afasta o homem do homem, confinando-o num horizonte egocêntrico e egoístico.

A própria palavra aramaica que Jesus utiliza no Evangelho – *mamona*, ou seja, tesouro escondido (cf. Mt 6,24; Lc 16,13) – dá-lo a entender: Quando o poder econômico é um instrumento que produz tesouros que se têm só para si, escondendo-os dos outros, ele produz iniquidade, perde o seu valor positivo original. Também o termo grego usado por São Paulo na carta aos Filipenses (cf. Fl 2,6) – *arpagmos* – remete a um bem mantido ciumentamente só para si, ou que foi roubado dos outros. Isto acontece quando os bens são utilizados por homens que conhecem a solidariedade só pelo círculo – seja ele pequeno ou grande – dos seus conhecidos ou quando se trata de recebê-la, mas não quando se trata de oferecê-la. Tal sucede quando o homem, tendo perdido a esperança num horizonte transcendente, perde também o gosto pela gratuidade, o gosto de fazer o bem pela simples beleza de fazê-lo (cf. Lc 6,33-34).

Quando, porém, o homem é educado a reconhecer a solidariedade fundamental que o liga a todos os outros homens – a Doutrina Social da Igreja nos lembra disto –, então sabe bem que não pode ter para si os bens de que dispõe. Quando vive habitualmente na solidariedade, o homem sabe que aquilo que nega aos outros e retém para si, antes ou depois, se voltará contra ele. No fundo, é a isto que Jesus alude no Evangelho, quando se refere à ferrugem ou à traça que corroem as riquezas possuídas egoisticamente (cf. Mt 6,19-20; Lc 12,33).

Ao contrário, quando os bens dos quais se dispõe não são utilizados só para as próprias necessidades, ao se difundirem, eles se multiplicam e dão frequentemente um fruto inesperado. De fato, há uma ligação original entre proveito e solidariedade, uma circularidade fecunda entre lucro e dom, que o pecado tende a romper e ofuscar. É tarefa dos cristãos redescobrir, viver e anunciar a todos esta unidade preciosa e originária entre lucro e solidariedade. Quanto o mundo contemporâneo precisa redescobrir esta bela verdade! Quanto mais aceitar acertar as contas com isso, tanto mais diminuirão também as pobrezas econômicas que tanto nos afligem.

Não podemos, porém, nos esquecer de que não existem apenas as pobrezas ligadas à economia. É o próprio Jesus quem recorda isto, admoestando-nos de que a nossa vida não depende apenas "dos nossos bens" (cf. Lc 12,15). Originalmente, o homem é pobre, é necessitado e indigente. Quando nascemos, para viver precisamos dos cuidados dos nossos pais, e assim em cada época e etapa da vida cada um de nós nunca conseguirá se livrar totalmente da necessidade e da ajuda alheia, nunca conseguirá arrancar de si o limite da impotência diante de qualquer um ou de qualquer coisa. Também esta é uma condição que caracteriza o nosso ser "criaturas": não somos feitos por nós mesmos e sozinhos não podemos dar-nos tudo aquilo de que precisamos. O reconhecimento leal desta verdade convida-nos a permanecer humildes e praticar com coragem a solidariedade, como uma virtude indispensável ao próprio viver.

Em cada caso, dependemos de alguém ou de algo. Podemos viver isto como um enfraquecimento do viver ou como uma possibilidade, como um recurso para ajustar as contas com o mundo no qual ninguém pode passar sem o outro, no qual todos somos úteis e preciosos para todos, cada um a seu modo. Não há como descobrir o que impele a uma práxis responsável e responsabilizadora, com vistas a um bem que é então, de fato, inseparavelmente pessoal e comum. É evidente que essa práxis pode nascer somente de uma mentalidade nova, da conversão a um novo modo de olhar-nos uns aos outros! Só quando o homem se concebe não como um mundo autônomo, mas como alguém que por sua natureza está ligado a todos os outros, originalmente sentidos como "irmãos", é possível uma práxis social na qual o bem comum não permanece como palavra vazia e abstrata!

Quando o homem se concebe assim e se educa para viver dessa forma, a pobreza criatural original não é mais sentida como um *handicap*, mas como um recurso, no qual o que enriquece cada um, e livremente é dado, é um bem e um dom que recaem depois em vantagem de todos. Esta é a luz positiva com a qual também o Evangelho nos convida a olhar para a pobreza. Exatamente esta luz nos ajuda, portanto, a compreender porque Jesus transforma esta condição numa autêntica "beatitude": "Felizes sois vós, os pobres!" (Lc 6,20).

Então, embora fazendo tudo o que está ao nosso alcance e evitando toda forma de se acostumar irresponsavelmente com as nossas fraquezas, não temamos reconhecer-nos necessitados e incapazes de dar a nós tudo aquilo de que precisarmos, porque sozinhos e só com as nossas forças não conseguimos vencer todos os limites. Não temamos este reconhecimento, porque Deus mesmo, em Jesus, se curvou (cf. Fl 2,8) e se curva sobre nós e sobre nossas pobrezas para nos ajudar e para nos dar aqueles bens que sozinhos nunca poderemos ter.

Por isso Jesus elogia os "pobres em espírito" (Mt 5,3), quer dizer, aqueles que olham assim as suas necessidades e, necessitados como são, se entregam a Deus, sem temer depender dele (cf. Mt 6,26). De Deus podemos de fato ter aquele bem que nenhum limite pode deter, porque ele é mais poderoso do que qualquer limite e demonstrou isso quando venceu a morte! De rico que era se fez pobre (cf. 2Cor 8,9) para enriquecer-nos com os seus dons! Ele nos ama, cada fibra do nosso ser lhe é cara, a seus olhos cada um de nós é único e tem um valor imenso: "Até mesmo os cabelos da vossa cabeça estão todos contados... valeis mais do que muitos pardais" (Lc 12,7).

Sou, portanto, grato a Sua Eminência, o Senhor Cardeal Gerhard Ludwig Müller, Prefeito da Congregação para a Doutrina da Fé, que com o presente livro quis relembrar-nos tudo isto. Estou certo de que cada um de vós que ler estas páginas deixará, de algum modo, o vosso coração ser tocado e sentirá surgir dentro de vós a exigência de uma renovação da vida.

Pois bem, amigos leitores, saibam que nesta exigência, e neste caminho, me encontram desde agora com vocês, como irmão e sincero companheiro de caminhada.

Franciscus

A missão libertadora da Igreja

I. Palavra de Deus e sinais dos tempos

Fiz experiência muito concreta da Igreja pobre para os pobres no Peru, nas favelas de Lima e entre os camponeses dos Andes, e ficava admirado quando, ao encontrar aquelas pessoas, vi e percebi uma fé cheia de alegria e de vida. A fé testemunhada abertamente e transmitida com amor está entre os maiores tesouros dessas populações, ainda que estejam sob o peso de enormes preocupações diárias pela sua própria vida: "Felizes sois vós, os pobres, porque vosso é o Reino de Deus" (Lc 6,20).

Para mim, porém, a Igreja pobre para os pobres tem também o rosto de Gustavo Gutiérrez. Seja-me permitido, portanto, gastar algumas palavras de introdução sobre a importância da minha experiência na América Latina e sobre o significado da minha amizade com Gutiérrez; e não só com respeito à minha compreensão do movimento eclesial e teológico conhecido como Teologia da Libertação – assim como é definida por ele nos seus escritos –, mas também para o desenvolvimento da minha própria reflexão teológica, em particular sobre o tema do amor da Igreja de Jesus Cristo pelos pobres.

Já se passaram 25 anos desde quando Joseph Sayer – por muitos anos diretor de Misereor – me convidou, junto com outros teólogos alemães e austríacos, para participar de um seminário sobre Teologia da Libertação, dirigido exatamente pelo professor Gustavo Gutiérrez e que se realizava no famoso Instituto Bartolomeu de Las Casas de Lima, no Peru.

Era 1988. Fazia alguns anos que eu fora chamado a ocupar a cátedra de Teologia Dogmática na Ludwig Maximilian Universität de Mônaco, e tinha conhecimento mais aprofundado das obras dos grandes expoentes daquela corrente da teologia católica. Eram-me familiares os grandes documentos que ela recuperava – os conciliares e pós-conciliares, bem como as declarações da segunda e da terceira Assembleia Geral do Episcopado Latino-Americano em Medellín e Puebla. Tinha entrado no debate que a Teologia da Libertação suscitara e também conhecia bem as duas "Instruções" da Congregação para a Doutrina da Fé a esse respeito: a *Libertatis nuntius* de 1984 e a *Libertatis conscientia* de 1986, ambas assinadas pelo então prefeito, o Cardeal Joseph Ratzinger.

Ora, o encontro pessoal com Gustavo Gutiérrez revelou-se particularmente fecundo para mim exatamente pela plena maturação de uma compreensão daquilo que é teologia, que vai além da dimensão, por assim dizer, apenas "passiva" e "teórica", científico-acadêmica.

Durante aquela estadia em Lima, passamos juntos algum tempo também nas favelas na periferia da cidade, com os últimos dos últimos, e depois com os *campesinos* da paróquia de Diego Irarrázaval, perto do Lago Titicaca; portanto, com aqueles que os salteadores de hoje, homens cegados pela cobiça e sem piedade, tinham espancado repetidamente e roubado, explorado e esmagado, reduzido ao fim da vida e abandonado ensanguentados à beira dos caminhos do mundo;

I. Palavra de Deus e sinais dos tempos

e que apenas a misericórdia de alguém, que, por amor, parasse por ali, inclinando-se sobre eles, poderia tê-los salvado.

Desde então, nas muitas vezes que voltei à América Latina e, sobretudo, ao Peru – geralmente aproveitando os meses de férias de verão do ano acadêmico –, a minha participação em cursos de teologia ou seminários foi sempre acompanhada por longas semanas de serviço pastoral, realizado no mais das vezes nas regiões andinas, sobretudo em Lares, na arquidiocese de Cuzco. E assim, exatamente a partir da experiência concreta da proximidade com os homens para os quais foi desenvolvida por Gutiérrez a Teologia da Libertação, impunha-se sempre mais claramente aos meus olhos aquilo que representava no coração: o seu coração é o encontro com Jesus, é seguir Jesus Cristo, o Bom Samaritano.

Porque Jesus não é o anunciador de uma mística separada de toda referência com o mundo ou de um ascetismo desencarnado. No ensinamento e na ação de Jesus há, pelo contrário, a unidade entre dimensão transcendente e dimensão imanente da salvação. Também a sua morte na cruz não pode de modo algum ser considerada como religiosidade destacada do mundo, que separa a criação da redenção. Ao contrário, Jesus morreu na cruz para demonstrar o amor libertador de Deus que transforma o mundo. A morte de Jesus na cruz conferiu ao mundo e à história a característica de um campo no qual vai se impondo a Nova Criação, desde aqui e agora. Assim a salvação, a libertação, com respeito à sua realização histórica, não se inicia no momento da nossa morte individual ou no fim da história da humanidade no seu conjunto, quando o Bom Samaritano voltará: este é o momento da consumação dela, na contemplação de Deus, na eterna comunhão com ele: inicia agora e aqui, à beira da estrada.

Eis algumas aquisições da Teologia da Libertação, assim como está exposta por Gustavo Gutiérrez, e que me parece oportuno, ainda que sinteticamente, sublinhar.

Se, portanto, pelo que foi dito, "a opção preferencial pelos pobres é em última instância uma opção pelo Reino de Deus que Jesus nos anuncia" – como ele sublinhou numa conferência proferida em meados dos anos 1990, diante, entre outros, do Cardeal Ratzinger –, então, continuava,

> a razão definitiva do compromisso com os pobres e os oprimidos não está na análise social que utilizamos, nem na experiência direta que podemos ter da pobreza, ou na nossa compaixão humana. Todos estes são motivos válidos que têm, sem dúvida, um papel significativo na vida e na solidariedade. No entanto, enquanto cristãos, esse compromisso se baseia fundamentalmente na fé no Deus de Jesus Cristo. É uma opção *teocêntrica* e profética que aprofunda as suas raízes na gratuidade do amor de Deus e é exigida por ela.[1]

Jesus Cristo morreu a fim de que o homem experimente Deus como salvação e vida, em todos os âmbitos da existência. Emerge assim o impulso originário da Teologia da Libertação, que é teológico, ou seja, não é possível falar de Deus sem a participação ativa, transformadora e, portanto, prática no abrangente e integral agir libertador inaugurado por ele, através do qual a história se torna um processo no qual se realiza a liberdade.

Portanto, se a Igreja, junto com o gênero humano e na história, está a serviço desse desígnio de Cristo, então – como escreve Dietrich Bonhoeffer – ela pode ser Igreja, apenas se for Igreja para os outros. Noutros termos, emerge um fundamental e ineludível *aut aut*, ou – para dizer com o parágrafo primeiro, fundamental, da *Gaudium et spes* – "a alegria e a esperança, a tristeza e a angústia dos homens do tempo atual, sobretudo dos pobres e de todos os aflitos, são também a alegria e a esperança, a tristeza e a angústia dos discípulos de Cristo" ou não se é verdadeiramente discípulo de Jesus; e ainda: ou a Igreja, nesta perspectiva, se apresenta não como uma comunidade religiosa separada do mundo e autossuficiente, mas como sacramento

---

[1] Cf. G. Gutiérrez. *Onde dormirão os pobres?*. In: G. GUTIÉRREZ, G. L. MÜLLER. *Ao lado dos pobres*. São Paulo, Paulinas, 2014, p. 111.

I. Palavra de Deus e sinais dos tempos

universal de salvação,[2] ou a Igreja, em sua natureza e missão, não é plenamente Igreja. A Igreja é verdadeiramente tal se for fiel à sua missão libertadora para a salvação integral do mundo, a qual tem a sua origem na mensagem de liberdade e de libertação de Jesus e no próprio agir de Jesus, como afirma exatamente a *Libertatis conscientia* de 1986 (cap. IV).

Hoje, como nos tempos de Bartolomeu de Las Casas, Deus está ao lado dos pobres e atua para conduzi-los à liberdade e para permitir que eles participem na realização da ação integral de salvação de todos os homens, como ele prometeu. Nessa perspectiva, fica absolutamente claro que, quando se fala de "força histórica dos pobres", se está bem longe da formulação de uma ideologia a serviço do enésimo projeto tão utópico quanto violento, como frequentemente os críticos mais ou menos interessados daquela expressão afirmaram. Com a "força histórica" dos pobres não se pretende certamente, a exemplo do comunismo, a eliminação violenta de uma classe social por obra de outra, vista como caminho para eliminar a opressão e a injustiça e chegar ao presumido paraíso das sociedades sem classes na terra. O amor e a ação de Deus abraçam também os dominadores, os exploradores, libertando-os da sua própria escravidão: aquela escravidão típica da avidez, da idolatria do dinheiro e do poder, e para a qual nunca se encontra paz, nunca se tem bastante, quer-se sempre mais e sempre se está possuído pela inquietação de açambarcar a vida tirando-a dos outros.

Sobretudo, porém, ao contrário do que sustenta o marxismo – e, dito incidentemente, também o atual liberalismo –, a Teologia da Libertação exposta por Gustavo Gutiérrez mostra exatamente que o cristianismo não é uma "ideologia consoladora". Pelo contrário, a verdadeira, a autêntica Teologia da Libertação demonstra que, na verdade, só Deus, Jesus e o Evangelho podem ter uma atuação autêntica e duradoura para a humanização do homem, seja sob o aspecto

---

[2]   Cf. Constituição Dogmática *Lumen gentium* e Catecismo da Igreja Católica, n. 721.

individual, seja sob o aspecto social. Noutras palavras, é aquilo que João Paulo II sintetizou na feliz expressão contida na Carta à Conferência Episcopal do Brasil de 1986: a Teologia da Libertação retamente entendida "não é só oportuna, mas útil e necessária".

O julgamento de João Paulo II não perdeu nada da sua atualidade, mas vale muito mais hoje, numa época na qual a hostilidade e a avidez se tornaram superpotências, numa época em que, como nunca, temos necessidade daquele Deus vivo que nos amou até a morte, o Bom Samaritano que, no seu amor desmedido, na carnalidade da existência concreta, se inclina sobre os sofredores, sobre os oprimidos e sobre os mais necessitados de salvação; numa época, enfim, na qual temos necessidade de uma Igreja que – com as belas palavras do Papa Francisco, pronunciadas no Rio de Janeiro em 27 de julho passado, durante o encontro com o episcopado brasileiro – "seja capaz de redescobrir as entranhas maternas da misericórdia. Sem a misericórdia, poucas possibilidades temos hoje de inserir-nos em um mundo de 'feridos', que têm necessidade de compreensão, de perdão, de amor".

II. O desenvolvimento humano entre criação e acabamento

Notas sobre *Sollicitudo rei socialis*, encíclica de João Paulo II

Uma abordagem da doutrina social da Igreja

O Compêndio da Doutrina Social da Igreja, publicado em 2004,[1] é a tomada de posição mais recente sobre o vasto tema da Doutrina Social da Igreja e se coloca na longa tradição da atenção e do cuidado que a Igreja tem pelo homem, por um desenvolvimento social deste que faça justiça ao seu ser e à sua natureza. Nisso, a Igreja sempre levou em conta todas as dimensões da realidade do homem, considerando a si mesma como ponto de referência permanente para uma Doutrina Social orientada para o homem, sem se importar com

---
[1] Pontifício Conselho "Justiça e Paz", *Compêndio da Doutrina Social da Igreja*, © LEV, 2004 (tradução em português disponível na internet).

o particular contexto político ou cultural. No centro está colocado sempre o homem individual, de modo semelhante a como ele, cuja natureza é relação com Deus, é amado e querido por Deus.

A necessidade de um compromisso mais amplo no âmbito da Doutrina Social na Europa surgiu já no século XVIII e, depois, no século XIX. A industrialização e os progressivos desenvolvimentos tecnológicos transformaram em máquina o próprio homem: uma máquina que devia servir incondicionalmente à produção, garantir rendimento sempre melhor e, portanto, um lucro sempre maior. E assim o homem como tal era relegado a um segundo plano.

Os trabalhadores, degradados à força de trabalho barato, encontraram no Papa Leão XIII um advogado que soube ancorar solidamente a atenção da Igreja pela questão social nas consciências dos indivíduos e do mundo inteiro. As mudanças no campo da economia no século XIX estavam na base do transtorno de uma ordem social plurissecular e levantavam questões sérias no âmbito da justiça; surgiam do mesmo modo as primeiras grandes demandas sociais, por exemplo, a questão do trabalho levantada no contexto da relação entre capital e trabalho. A nova fase dos processos no mundo do trabalho que nascia assim representou ao mesmo tempo um estímulo para refletir sobre os desafios pastorais que, por conseguinte, mudavam a fim de enfrentar com meios adequados as novas condições. As afirmações do Magistério nesse sentido prosseguiram com a *Quadragesimo anno* (1931), a *Mater et Magistra* (1961), a *Pacem in terris* (1963) e a *Gaudium et spes* (1965). Seguiram-se as três encíclicas de João Paulo II: a *Laborem exercens* (1981), a *Sollicitudo rei socialis* (1987) e a *Centesimus annus* (1991).

II. O desenvolvimento humano entre criação e acabamento

Para um verdadeiro desenvolvimento humano

O Concílio Vaticano II afirmou com força que

> a alegria e a esperança, a tristeza e a angústia dos homens do tempo atual, sobretudo dos pobres e de todos os aflitos, são também a alegria e a esperança, a tristeza e a angústia dos discípulos de Cristo, e não há nada de verdadeiramente humano que não encontre eco no seu coração.[2]

É um apelo que, exatamente hoje, adquire atualidade candente, visto que a condição do homem em amplas regiões do mundo assumiu dimensões e feições tão alarmantes que tornam urgentemente necessária a ação social e caritativa da Igreja. Suscitam dor e angústia a fome e a miséria, as condições de escravidão e de perseguição – até os homicídios em massa – que caracterizam a vida de milhões e milhões de pessoas em todo o mundo. O Papa Bento XVI era bem consciente disso quando, com respeito aos grandes desafios do presente e do futuro, com a Encíclica *Deus caritas est* (2005), quis imprimir na consciência dos indivíduos, dos Estados, das nações e dos povos o papel único da Igreja na edificação de um mundo digno do homem.

A Encíclica *Sollicitudo rei socialis* retoma de modo particular a noção de "desenvolvimento", ligando-a com a noção de paz. Recordo aquela esperança que a *Populorum progressio*, de 1967, teve na passagem para condições mais humanas de vida, cuja característica devia ser não apenas a dimensão puramente técnica e econômica, mas também um desenvolvimento no âmbito da cultura e da formação, o respeito pela dignidade do outro junto com o reconhecimento de valores vinculantes para todos e que têm a sua origem e o seu fim em Deus. É à luz da fé que se poderá chegar a uma justiça global que, junto com uma paz mundial, poderá conduzir a um humanismo universal, no sentido pleno do termo, penetrado por valores espirituais.

---

[2] Constituição Pastoral *Gaudium et spes*, n. 1.

No âmbito do debate sobre o desenvolvimento do homem para um mundo novo, essa humanidade, que pretende profundamente e para sempre fazer justiça à natureza do homem, é possível apenas se, a partir da fé, entender a si mesma como manifestação daquilo que a convivência humana preza muito. Penetrada pelo mandamento de "amar o próximo como a si mesmo", realiza-se uma humanidade que a antropologia cristã formula do modo mais claro e eficaz, a saber: amar a Deus porque ele se revelou a nós como o Criador, o Salvador e aquele que leva a humanidade do homem à plenitude. Daqui deve tirar substância a resposta à pergunta acerca de como o nosso mundo pode funcionar; acerca de como ele encontra Deus; e sobre quais valores se funda e de que tipo é a dignidade do homem.

Pôr à luz o homem enquanto ser criado, a serviço da sua dignidade

As encíclicas de Paulo VI e de João Paulo II pretenderam interrogar-se e quiseram que nós nos interrogássemos com novo impulso sobre a ideia de progresso. A vocação do homem é verdadeiramente aquela pela qual, no processo histórico, ele caminha para um mundo sempre mais perfeito, economicamente mais maduro e sempre mais avançado em nível técnico? Está neste processo mecanicista a vitória última do homem sobre a opressão e o sofrimento, sobre as suas necessidades e a morte? Ou, ao contrário, junto com as transformações econômicas e sociais, tende a afirmar-se uma falsa imagem do homem que vê nele apenas um consumidor ou uma parte do mercado, de modo tal que abra novas possibilidades ao fator economia? Este processo – que a Encíclica *Sollicitudo rei socialis* vê fundado sobre um "otimismo mecanicista ingênuo"[3] – não conseguiu mudar para melhor a situação em vastas áreas do planeta. O bem-estar e a riqueza, mas também a estabilidade política e condições de vida dignas e justas, continuam sendo o privilégio unicamente de uma parte da

---

[3] Cap. IV, n. 27.

II. O desenvolvimento humano entre criação e acabamento

humanidade. No entanto, os bens materiais e espirituais da terra deveriam estar à disposição de todos porque são para todos.

E assim, os resultados obtidos com aquele progresso favorecem apenas um grupo restrito, cuja riqueza cresce ao infinito, ao passo que para os pobres e os indigentes o tão aclamado progresso muitas vezes se revela como o caminho para uma miséria e uma opressão ainda maiores.

Para a Igreja, o desenvolvimento humano consiste essencialmente no serviço à dignidade do homem, no progresso para a autêntica humanidade, assim como está amplamente descrito na encíclica.[4]

O desenvolvimento humano autêntico consiste no compromisso em favor da dignidade do homem que, numa sociedade que se estrutura de modo novo, deve tornar-se central para mudar concretamente, na prática, aquilo que define a humanidade autêntica do homem.[5]

É preciso nunca perder de vista este parâmetro: a natureza específica do homem, criado por Deus à sua imagem e semelhança (Gn 1,26). Natureza corporal e espiritual, simbolizada no segundo relato da criação pelos dois elementos: a terra, com a qual Deus plasma o físico do homem, e o sopro de vida, soprado nas suas narinas (Gn 2,7). O desenvolvimento humano autêntico deve, portanto, realizar-se no contexto da solidariedade e da liberdade:

> A obrigação de se empenhar pelo desenvolvimento dos povos não é somente um dever individual, nem menos ainda individualista, como se fosse possível realizá-lo unicamente com os esforços isolados de cada um. É um imperativo para todos e para cada um dos homens e das mulheres e também para as sociedades e as nações; em particular, para a Igreja Católica.[6]

Com estas palavras João Paulo II põe à luz a responsabilidade que, a partir do indivíduo, as várias formas de comunidade humana

---

[4] *Sollicitudo rei socialis*, n. 27-34.
[5] Ibid., n. 29.
[6] Ibid., n. 32.

devem assumir: os Estados, as nações, a Europa, as Nações Unidas, o mundo inteiro e cada homem; todos estão a serviço dos homens, do seu desenvolvimento, da sua formação, do seu sustento e da sua propriedade. A cooperação para o desenvolvimento do homem *todo* e de *todos* os homens é um dever de todos para com cada um e deve ser igualmente distribuído por sobre todo o planeta.

Sobre os países que vivem no bem-estar recai uma responsabilidade particular. No entanto, eles não devem apenas oferecer assistência econômica e técnica, com isso fazendo com que os países que vivem na pobreza e na necessidade se sintam, afinal de contas, meros agrupamentos de consumidores e, por isso, objeto do mercado e dos grandes grupos transnacionais e, desse modo, tendo a obrigação de assumir o estilo de vida do puro consumismo.

O desenvolvimento humano, do ponto de vista da nossa condição de seres criados, é *in primis et ante omnia* uma noção moral que está e deve estar em sintonia com um tipo de progresso destinado a favorecer o indivíduo e a autêntica natureza do homem. Por isso ele deverá ser compreendido na sua realidade histórica, cultural, política e psicológica. A oposição a uma "comercialização" desregrada dos países mais pobres tem o seu fundamento no reconhecimento daquelas estruturas culturais e históricas originais que imprimem nos povos daquelas nações o seu cunho e formam o homem desde o início da sua existência.

Este reconhecimento pressupõe a disponibilidade e a capacidade de ver no outro um semelhante nosso, o qual, na fé, se torna o nosso próximo, de cujo lado estou, ajudando-o e fortalecendo-o naquilo que lhe é próprio e não, ao contrário, tirando dele a autonomia e a livre disponibilidade de si mesmo.

II. O desenvolvimento humano entre criação e acabamento

"Façamos o homem à nossa imagem, conforme a nossa semelhança" (Gn 1,26)

O autêntico desenvolvimento humano está sujeito a normas morais que, como seres criados, podemos deduzir exatamente dos mandamentos de Deus. Deles emerge um profundo e abrangente conhecimento da vida humana, das decisões que ela comporta e das fraquezas congênitas a ela. O primeiro mandamento é a base para uma vida a partir da certeza de que Deus não está distante de nós, mas sim nos acompanha na nossa caminhada guiando a nossa vida na sua verdade e no seu amor.

Diariamente os *media* nos falam dos choques e divisões, guerras, atrocidades e terror; e cada dia se manifesta assim a tristeza e o desespero de um mundo sem Deus. Deus, de fato, nos chamou a uma comunhão que é muito mais profunda do que os sistemas políticos institucionais, ou do que formas mundanas de associação.

Nós realmente pertencemos à Igreja de Jesus Cristo, de quem ela é o corpo, e ele mesmo é a cabeça dela. Esta dimensão do humano desapareceu em vastas áreas da terra. É preciso sublinhar continuamente a dimensão da sacramentalidade da Igreja, sinal colocado no mundo e para o mundo, em condição de orientar para Deus tornando-o presente no tempo. Somos membros da Igreja e assim, na experiência da transcendência, caem todas as barreiras que o homem ergueu.

Quando falamos de desenvolvimento do homem devemos dizer que também a sua relação com a transcendência faz parte desse desenvolvimento. Como ser criado por Deus, ele encontra a sua realização em Deus. Quem leva o homem a crer que a sua vida se desenvolve unicamente dentro dos limites do tempo e apertada entre as datas que circunscrevem a sua vida, na realidade rouba a sua vida da dimensão da esperança, do perdão, do amor e da redenção.

Ao mesmo tempo, desse modo se tira a razão de agir daquele que ajuda e protege, dado que verá no seu semelhante unicamente "o outro" ou até apenas um inimigo. Mas em Deus, o Criador, o ser do homem feito à imagem de Deus se torna o sinal da sua dignidade:

> O cristão, além disso, educado para ver no homem a imagem de Deus, chamado à participação da verdade e do bem, que é o próprio Deus, não compreende o empenho pelo desenvolvimento e a sua realização fora da observância e do respeito devido à dignidade única dessa "imagem".[7]

Noutras palavras, o verdadeiro desenvolvimento deve fundamentar-se no amor de Deus e do próximo, e contribuir para favorecer as relações entre indivíduos e sociedade. Esta é a "civilização do amor" da qual o Papa Paulo VI falava frequentemente.

Chamados para o amor

João Paulo II, na sua Encíclica *Centesimus annus*, apresentou uma espécie de "Carta", quase um apelo, no qual descreve a concepção cristã fundamental da natureza humana:

> Entre os principais direitos, recordem-se: o direito à vida, do qual é parte integrante o direito a crescer à sombra do coração da mãe depois de ser gerado; o direito a viver numa família unida e num ambiente moral favorável ao desenvolvimento da própria personalidade; o direito a maturar a sua inteligência e liberdade na procura e no conhecimento da verdade; o direito a participar no trabalho para valorizar os bens da terra e a obter dele o sustento próprio e dos seus familiares; o direito a fundar uma família e a acolher e educar os filhos....[8]

Com o olhar voltado para a Exortação Apostólica *Familiaris consortio* de 1981, João Paulo II prossegue a sua reflexão desenvolvendo assim aquela antropologia que define o seu pontificado inteiro: Deus chamou o homem para o amor. Assim, no centro da antropologia cristã, está a família. Ela deve ser protegida como lugar no qual cada

---

[7] Ibid., n. 33.

[8] João Paulo II, Carta Encíclica *Centesimus annus*, 1º de maio de 1991, no centenário da *Rerum novarum*, n. 47.

homem, acolhido amorosamente, amadurece, tornando-se aquele que, ao doar-se, na disponibilidade ao sacrifício, ao integrar-se, se desenvolve, encontrando assim, por reflexo, realmente a si mesmo e realizando-se verdadeiramente. A família é o lugar natural do tornar-se homem, do desenvolver-se humano. A antropologia cristã não se perde em conjecturas vagas, mas tem pontos de referência seguros e se baseia em convicções muito concretas. Muitas vezes tomamos consciência da sua presença e validade apenas quando são postos à parte ou negados.

Por isso, quando falamos do desenvolvimento humano autêntico, devemos considerar que a família é a célula germinal da fé, o refúgio para um crescimento autêntico e, qual espaço do carinhoso estar junto, é o primeiro grande estágio do verdadeiro "progresso" humano.

Criatura e pessoa: pedras angulares dos direitos humanos

Na Encíclica *Pacem in terris*, o Papa João XXIII já apresentara a sua *Magna Carta* dos direitos humanos. Com ela, ele superava a própria Declaração Universal dos Direitos do Homem, e isto graças àquela clara conotação cristã que na *Pacem in terris* atravessa a questão. Realmente, o ponto de partida da dignidade do homem é visto no fato de ele ser pessoa. Desse modo, a Igreja supera as motivações no plano horizontal – que por isso mesmo podem ser facilmente modificadas – orientando, porém, o debate para o seu núcleo autêntico, a saber: dotada de razão e vontade livre, a pessoa – a sua personalidade – tem direitos e deveres próprios por natureza. O seu respeito deve ser reconhecido por todos como base compartilhada do agir. Só assim nasce a verdadeira possibilidade de eliminar a injustiça e as ofuscantes desigualdades relativas ao acesso e à distribuição dos bens da terra, a possibilidade de fazer da liberdade, válida para cada homem, o eixo de todos os ordenamentos sociais:

> Em uma convivência humana bem constituída e eficiente, é fundamental o princípio de que cada ser humano é pessoa; isto é, natureza dotada de inteligência e vontade livre. Por essa razão, possui em si mesmo direitos e deveres, que emanam direta e simultaneamente de sua própria natureza. Trata-se, por conseguinte, de direitos e deveres universais, invioláveis, e inalienáveis.[9]

A ideia de fundo dos direitos humanos não só corresponde intimamente à concepção judeo-cristã do homem, mas é também a raiz pela qual se desenrolam todas as iniciativas voltadas para a valorização da vida humana. Por meio da Igreja, esses fundamentos são, por assim dizer, traduzidos no mundo moderno. Diferenças étnicas, políticas ou de identidade cultural nunca devem tornar-se uma barreira entre os homens. Toda forma de marginalização está em contraste com a ideia de pessoa claramente definida pela Igreja.

Ao superar as barreiras religiosas, nacionais e ideológicas, a Igreja pode ativamente contribuir para a definição de um consenso pré-jurídico relativo à dignidade e aos direitos do homem. A responsabilidade cristã com respeito aos direitos humanos fica evidente na formação de uma consciência pública e também na ação relativa a todas as questões que se referem à inviolabilidade do ser humano. A Igreja toma posições sobre a legislação voltada para a defesa da vida, age por meio de organizações de tipo caritativo em nível internacional, cuja contribuição não se limita a medidas imediatas de socorro e ao suporte de projetos em longo prazo, mas indo além de apenas a ajuda material. O compromisso da Igreja no campo da pobreza, onde faltam as condições mínimas de subsistência, ajuda a levar os que sofrem a redescobrirem a sua dignidade de homem, ou até mesmo a tomar consciência dela pela primeira vez.

---

[9] João XXIII, Carta Encíclica *Pacem in terris*, 11 de abril de 1963, n. 9.

II. O desenvolvimento humano entre criação e acabamento

Evangelium vitae e Deus caritas est

Na sua primeira Encíclica, *Deus caritas est*, o Papa Bento XVI elevou "o exercício do amor por parte da Igreja" a programa seu:

> as organizações caritativas da Igreja, que constituem um seu *opus proprium*, um dever que lhe é congênito, no qual ela não se limita a colaborar colateralmente, mas atua como sujeito diretamente responsável, realizando o que corresponde à sua natureza. A Igreja nunca poderá ser dispensada da prática da caridade enquanto atividade organizada dos crentes, como aliás nunca haverá uma situação onde não seja preciso a caridade de cada um dos indivíduos cristãos, porque o homem, além da justiça, tem e terá sempre necessidade do amor.[10]

Se retomarmos o que foi dito anteriormente, aparecerá com evidência que o homem encontra no amor para com Deus e para com os seus semelhantes a sua vocação mais autêntica.

É então que a liberdade na solidariedade atinge a sua realização, a igualdade – entre os indivíduos e os povos – desemboca numa paz duradoura, a defesa da vida vale para todos os estágios do desenvolvimento humano individual, e a justiça se baseia na busca da verdade. Só então a dignidade do homem se torna critério das relações e ao mesmo tempo primeiro e indiscutível caminho de acesso à natureza do homem.

A tarefa da Igreja é a de contrapor esse "Evangelho da vida" – para citar o título que João Paulo II quer dar a uma encíclica sua[11] – à cultura da morte e superar ameaças e perigos com o anúncio da boa-nova, sublinhando o inigualável valor à pessoa humana, a sua grandeza e preciosidade:

> O Evangelho do amor de Deus pelo homem, o Evangelho da dignidade da pessoa e o Evangelho da vida são um único e indivisível Evangelho.

---

[10] Bento XVI, Carta Encíclica *Deus caritas est*, 25 de dezembro de 2005, n. 29.
[11] João Paulo II, Carta Encíclica *Evangelium vitae*, 25 de março de 1995.

Pobre para os pobres

É por este motivo que o homem, o homem vivo, constitui o primeiro e fundamental caminho da Igreja.[12]

Precisamente por causa do mistério do Verbo de Deus que se fez carne (cf. Jo 1,14) – e com esta citação de João Paulo II eu concluo –, cada homem está confiado à solicitude materna da Igreja. Por isso, qualquer ameaça à dignidade e à vida do homem não pode deixar de repercutir no próprio coração da Igreja, é impossível não a tocar no centro da sua fé na encarnação redentora do Filho de Deus, não pode passar sem a interpelar na sua missão de anunciar o *Evangelho da vida* pelo mundo inteiro a toda a criatura (cf. Mc 6,15).[13]

---

[12] Ibid., n. 2.
[13] Ibid., n. 3.

III. A Teologia da Libertação hoje

Com a dramática crise dos reféns na residência do embaixador do Japão em Lima, que se prolongou por semanas, a atenção da opinião global se concentrou na explosiva situação do Peru e de toda a América Latina.[1] Movimentos revolucionários, guerras civis e terrorismo não são, todavia, as causas, mas sintomas inequívocos da condição social e econômica devastadora na qual se encontra a maioria das pessoas desse continente.

Depois da queda do muro de Berlim e do desmoronamento do bloco comunista, pareceu a muitos observadores apenas questão de tempo para que a América Latina abandonasse a resistência e o protesto, ao qual a Teologia da Libertação dava voz, contra a exploração

---

[1] A chamada crise dos reféns da embaixada japonesa iniciou-se em 17 de dezembro de 1996, em Lima, no Peru. Quatorze membros do Movimento Revolucionário Tupac Amaru (MRTA) fizeram de reféns uma centena de diplomatas de alto nível, funcionários governamentais, militares e diretores de empresa que participavam de uma festa na residência oficial do embaixador do Japão no Peru, Morihisha Aoki, em celebração do 63º aniversário do Imperador Akihito. A crise foi resolvida com uma blitz que levou à libertação dos reféns e à morte de alguns sequestradores.

e a opressão plurissecular realizada pelas potências coloniais, primeiro, e, depois, pelos centros norte-americanos e europeus de poder econômico.

A divisão "natural" dos papéis entre países ricos e pobres pareceu de novo voltar ao equilíbrio. Só o *vírus* do marxismo – dizia-se – pode ser responsável pelo fato de que, de repente, os homens se levantem contra a sua exploração como força de trabalho a baixo custo e contra a retirada, a preços ridículos, de matérias-primas de sua terra. É culpa apenas daquele vírus se eles não querem mais renunciar a uma assistência sanitária básica, a uma administração estatal fundada no direito e na justiça, a uma formação escolar e a uma habitação digna. O triunfalismo de um capitalismo que se presumia vitorioso andou a par e passo com a satisfação daqueles a quem parecia faltar à Teologia da Libertação o seu fundamento. Pensou-se que seria jogo fácil associá-la à violência revolucionária e ao terrorismo dos grupos marxistas. No famigerado documento secreto preparado pelo Presidente Ronald Reagan em 1980, a Comissão de Santa Fé solicitava que o governo dos Estados Unidos da América agisse militarmente contra a "Teologia da Libertação" e a Igreja Católica latino-americana que levava a sua marca:

> O papel da Igreja na América Latina é de vital importância para a concepção da liberdade política. Infelizmente, as forças marxista-leninistas utilizaram a Igreja como arma política contra a propriedade privada e o sistema de produção capitalista, enquanto infiltraram na comunidade religiosa ideias que são mais comunistas do que cristãs.[2]

O mais desconcertante daquele documento é o descaramento com o qual os seus redatores, responsáveis por brutais ditaduras militares e poderosas oligarquias, colocam o seu interesse pela propriedade privada e pelo sistema produtivo capitalista como critério daquilo que é ou não é cristão. Deve ficar claro ao leitor europeu

---

[2] Citado em *Theologie der Befreiung im Gespräch*, P. Eicher (org.), München, Kösel, 1985, pp. 40-41.

que a propriedade privada, na América Latina, não é aquela pequena porção de bens que nos é proporcionada com uma vida feita de sacrifícios e privações; trata-se, ao contrário, da posse de enormes latifúndios ou, por exemplo, de minas inteiras de cobre e de prata, diante de milhões de pequenos agricultores ou assalariados rurais sem qualquer haver e direito. Este é o fundo contra o qual se compreende também o suporte econômico e político dado às seitas fundamentalistas e à sua atividade. Com elas se quer repelir a luta da Teologia da Libertação a favor de uma visão integral, global da graça e da redenção, e isto reduzindo o papel da religião a mero consolo ultraterreno, todo encerrado na esfera privada; e assim ela é utilizada como fator estabilizador de uma sociedade injusta. Um exemplo particularmente grave de lesão dos direitos humanos é dado pelo fato de que determinadas instituições da América do Norte fazem o fornecimento de gêneros alimentícios e de outras provisões ao Peru depender do compromisso de adotar uma política voltada à diminuição drástica da taxa de natalidade. Essa condição foi apoiada pelo governo peruano, de modo que – sob o pretexto de ter de submeter homens e mulheres a determinadas análises – sem eles e elas saberem lhes são impostos meios contraceptivos e, contra a vontade deles e delas, acabam se tornando definitivamente estéreis.

Nesse caso, a palavra de ordem parece ser esta: luta contra a pobreza por meio da dizimação dos pobres. Supõe-se que a pobreza seja causada pela alta taxa de natalidade e, assim, se desvia a atenção das suas verdadeiras causas. No Peru, que tem cinco vezes o tamanho da Alemanha e que tem um percentual de habitantes cinco vezes inferior, não se pode absolutamente falar de superpopulação. Quem vê com os próprios olhos as inumeráveis formas de degradação a que são submetidas ali as pessoas, as formas de escravização e de exploração, não se deixará mais iludir pela tão ovacionada eficiência e superioridade do capitalismo. No entanto, para evitar equívocos, é preciso fazer um esclarecimento acerca do termo "capitalismo".

No contexto latino-americano, a palavra "capitalismo" reflete um estilo de vida que, elevado a critério último do agir humano, tende para o enriquecimento pessoal desenfreado. Essa espécie de capitalismo não tem nada a ver com uma livre economia de empresa, de mercado, na qual as pessoas investem o seu trabalho e as suas capacidades cooperando para a edificação e o funcionamento de uma economia social, no contexto de um estado de direito constituído democraticamente.

Diante do fracasso deste sistema capitalista em estado puro e da correspondente mentalidade de desprezo dos direitos humanos, a Teologia da Libertação continua com uma atualidade candente. O elemento que distingue fundamentalmente a Teologia da Libertação do sistema marxista e do sistema capitalista é, ao contrário, exatamente aquele que une profundamente esses dois sistemas, mesmo com todas as contraposições que definem a sua relação. Ou seja, aquela concepção do homem e da sociedade comum a ambos, segundo a qual Deus, Jesus Cristo e o Evangelho não podem ter papel algum para a humanização do homem, nem sob o aspecto individual, nem sob o aspecto social.

Contudo, a Teologia da Libertação não morrerá enquanto houver homens que se deixem contagiar pelo agir libertador de Deus e que façam da solidariedade com os sofredores, cuja vida é espezinhada, a medida da sua fé e a mola do seu agir na sociedade. Teologia da Libertação significa, em suma, crer em Deus como Deus da vida e como fiador de uma salvação entendida na sua inteireza, a qual resiste a deuses e ídolos responsáveis por mortes prematuras, pobreza e degradação do homem.

Gustavo Gutiérrez: o homem, o cristão e o teólogo

O termo "Teologia da Libertação" remonta a uma conferência proferida por Gustavo Gutiérrez, em 1968, em Chimbote, no Norte do

III. A Teologia da Libertação hoje

Peru. O termo depois dá o título a seu livro *Teología de la liberación* de 1971 e com ele adquire notoriedade em todo o mundo. A décima edição revisada do livro (1992) é precedida também de uma ampla introdução. Nela, o autor esclarece o significado de alguns termos passíveis de mal-entendidos, como, por exemplo, o termo opção preferencial pelos pobres, luta de classes, teoria da dependência e pecado estrutural e social. Aí ele desmonta também, de modo convincente, as acusações levantadas contra ele de horizontalismo e imanentização do cristianismo.

Gutiérrez, considerado por muitos o pai da Teologia da Libertação, evidencia que ela não é uma construção teórica nascida abstratamente. Ela se vê em continuidade com o desenvolvimento global da teologia católica nos séculos XX e XXI. Nesse sentido – diante das novas estruturas sociológicas surgidas da transição para a moderna sociedade industrial, para a globalização dos mercados e para a concatenação dos sistemas de informação –, retoma-se o ensinamento social dos papas, a partir da encíclica *Rerum novarum* de Leão XIII, depois a *Populorum progressio* de Paulo VI e também João XXIII, o qual afirmava que a Igreja devia estar do lado dos pobres. A isso se acrescentam os grandes textos do magistério de João Paulo II e a sua atuação.

Uma fonte totalmente significativa é, para a Teologia da Libertação, a Constituição pastoral do Vaticano II *Gaudium et spes*, sobre a Igreja no mundo contemporâneo. Já na *Lumen gentium* o Concílio apresentara a Igreja não como uma comunidade religiosa separada do mundo e autossuficiente, mas como sacramento de salvação para o mundo. A Igreja, atuando como sinal e instrumento de união de Deus com os homens e dos homens entre eles, é serva da salvação que Deus constituiu historicamente, de uma vez por todas e definitivamente, em Jesus Cristo; essa salvação que, através do Espírito Santo, ele colocou como perene princípio da história humana e da edificação de uma sociedade digna do homem.

Pobre para os pobres

E assim as grandes conferências do episcopado latino-americano de Medellín (1968), Puebla (1979) e Santo Domingo (1992) entenderam a si mesmas como colocação em prática e realização do desenvolvimento global da teologia católica do século XX, no contexto sociocultural e espiritual do subcontinente latino-americano. Para isso, tornou-se essencial a nova compreensão da Igreja a partir do Vaticano II, que se difundiu em toda a América Latina. É aquela concepção conciliar de Igreja totalmente incompatível com a divisão – que remonta ao período colonial e cujos efeitos se fazem sentir ainda hoje – entre um círculo restrito de responsáveis, bispos, presbíteros e religiosos pertencentes à população branca ou, respectivamente, os missionários estrangeiros de um lado e, do outro, uma população originária passiva – composta pelos chamados índios autóctones, pelos descendentes dos escravos negros e pelos mestiços – considerada imatura e à qual são oferecidos unicamente ritos religiosos.

Hoje, leigos no seu conjunto, homens e mulheres, bem como um número sempre crescente de presbíteros indígenas, de catequistas e de religiosas têm consciência de serem portadores da missão total da Igreja. As inumeráveis comunidades de base são uma prova viva da identificação imediata do povo com a Igreja. A Igreja não é mais apenas Igreja para o povo ou Igreja do povo. A Igreja é povo de Deus entre os povos do mundo e proveniente dos povos da terra; ela é assim o povo de Deus para o mundo. Os pobres e os marginalizados, com base num encontro profundo e íntimo com o Evangelho, compreendem a si mesmos, na sua dignidade, como pessoas na presença de Deus, que participam ativamente na vida da comunidade eclesial e cumprem assim a missão da Igreja de sacramento de salvação para o mundo. Daí deriva uma nova concepção da teologia. O teólogo profissional não se coloca diante dos fiéis ou dos profanos como especialista em matéria religiosa. Prefere iniciar a compartilhar os seus sofrimentos e as suas esperanças. Nesse sentido, a Teologia da Libertação é teologia amadurecida na comunidade, é teologia contextual na melhor acepção do termo. Assim é superado também o fosso

III. A Teologia da Libertação hoje

entre uma teologia acadêmica erudita e a reflexão crente acerca das experiências concretas das comunidades.

Entre as obras mais conhecidas de Gutiérrez são enumeradas *La fuerza histórica de los pobres* (1979),[3] *Beber en su propio pozo* (1981).[4] Neste livro, cujo título é tirado de uma conhecida expressão de Bernardo de Claraval, Gutiérrez pretende mostrar o fundamento espiritual da Teologia da Libertação. Em *Dios o el oro en las Indias* de 1989[5] mostra o caminho libertador tomado por Bartolomeu de Las Casas, conhecido dominicano que se tornou depois bispo e que, no início da colonização espanhola, ao lado de outros teólogos dominicanos e jesuítas, foi pioneiro na luta pelos direitos humanos dos índios e pela defesa da sua dignidade.

Dito incidentalmente, até agora é demasiado desconhecido o fato de que foram sobretudo teólogos espanhóis – entre os quais Francisco de Vitoria – que, com a sua crítica ao fato de colocar sob tutela a população autóctone latino-americana, puseram na ordem do dia os temas dos direitos humanos e dos direitos dos povos já dois séculos antes do iluminismo. *Las Casas* é também o título da monumental biografia do conhecido dominicano aparecida em 1992.[6]

É possível afirmar com certeza que o livro *Teologia da libertação* adquiriu um lugar de destaque entre os clássicos da teologia da segunda metade do século XX.

Gutiérrez quis muitas vezes limpar o campo do mal-entendido – que junta simpatizantes e adversários da Teologia da Libertação, para os quais nela estariam agindo teólogos interessados sobretudo na dimensão social e política da vida humana, deleitando-se nos âmbitos estranhos a eles da economia, da política e da sociologia, perdendo

---

[3] Tradução brasileira: *A força histórica dos pobres*. Petrópolis, Vozes, 1981.
[4] Tradução brasileira: *Beber do seu próprio poço*; itinerário espiritual de um povo. São Paulo, Loyola, 2000.
[5] Tradução brasileira: *Deus ou o ouro nas Índias;* século XVI. São Paulo, Paulinas, 1993.
[6] Tradução brasileira: *Em busca dos pobres de Jesus Cristo*; o pensamento de Bartolomeu de Las Casas. São Paulo, Paulus, 1995.

desse modo o objeto autêntico da teologia, ou seja, a relação fundamental do homem com Deus. No entanto, se examinarmos seriamente o ponto de partida da Teologia da Libertação, ficaremos pouco surpresos tanto com o seu fundamento estritamente teocêntrico e cristocêntrico quanto com seu ancoragem na comunidade viva da Igreja.

No contexto da secularização na Europa, Dietrich Bonhoeffer vira no não crente o autêntico interlocutor da teologia cristã e se perguntava: "Como é possível *falar* de Deus num mundo que se tornou emancipado?". De modo semelhante, Gustavo Gutiérrez, dirigindo-se à população da América Latina, que é na sua maioria cristã, se pergunta: "Como se pode *falar* de Deus quando se tem diante dos olhos o sofrimento, a morte prematura e a dignidade continuamente violada dos pobres da América Latina?".

Os professores de teologia de Gutiérrez – como Maurice Blondel, Henri de Lubac, Juan Alfaro e Karl Rahner – tinham transmitido a ele aquele impulso interior de tentar ligar profundamente o falar de Deus com a tomada concreta de posição pelo homem que espera de Deus uma salvação global. Depois de ter estudado Medicina e Letras, voltara-se para a Filosofia e a Psicologia, curso de estudos que concluiu com uma tese sobre Sigmund Freud. Tinha decidido começar os estudos de Teologia relativamente tarde, depois de ter recebido a vocação para o sacerdócio. É ordenado em Lima, aos 31 anos. É claro que o denominador comum mínimo de um curso de estudos tão variegado é o amor pelo homem, gostar de se ocupar dele. Os seus mestres o formaram no debate, naquela época atualíssimo, sobre a relação entre natureza e graça e que é decisivo para determinar a relação total entre o cristianismo e aquela imagem do homem secularizado e autônomo fruto do iluminismo europeu e da modernidade. A questão pode ser resumida assim: Existem duas ordens paralelas, quer dizer, um fim autônomo secular do homem e uma revelação sobrenatural, de modo que o homem se moveria em dois âmbitos do saber e da vida totalmente separados e independentes um do outro?

III. A Teologia da Libertação hoje

Ou o homem, na sua mais profunda unidade como pessoa e naquilo que o coração representa, é chamado por Deus a edificar a vida individual e social religiosa e eticamente?

Um delineamento conceitual teológico que considera a revelação como síntese da libertação do homem realizada por Deus e como cooperação do homem com a ação de Deus que liberta e redime, um delineamento assim vê uma correlação inseparável entre criação e redenção, entre fé e vida no mundo, entre transcendência e imanência, entre história e escatologia, entre relação espiritual com Cristo e inversão dela numa vida vivida no seguimento. Assim, a Teologia da Libertação supera a rígida esquematização de um dualismo que opõe o além ao aquém e na qual a religião é reduzida à experiência mística do indivíduo e à moral individual, útil para obter como prêmio uma vida melhor no além.

A Teologia da Libertação não se refere a uma nova revelação. Quer antes ser um novo modo de apresentar a cooperação dos cristãos para a práxis transformadora do mundo por parte de Deus. De maneira que Gutiérrez chega diretamente a uma apresentação dela nestes termos:

> A teologia como reflexão crítica sobre a práxis histórica é, por conseguinte, uma teologia libertadora, uma teologia da transformação da história e da humanidade e, portanto, uma mudança daquela parte da humanidade que, reunindo-se como *ecclesia*, se reconhece abertamente em Cristo. A teologia não se limita mais a explorar conceitualmente o mundo, mas busca compreender a si mesma como um momento do processo da transformação do mundo. De fato, na denúncia contra as formas com as quais se espezinha a dignidade humana e contra a exploração da enorme maioria da humanidade, ela se abre ao dom do Reino de Deus através do amor que liberta, construindo uma sociedade renovada e fraterna.[7]

---

[7] G. Gutiérrez. *Teologia della liberazione. Prospettive.* 5. ed. Queriniana, Brescia (1992), 2012, p. 70; *Teologia da Libertação*; perspectivas. 9. ed. Petrópolis, Vozes, 2000; *Teologia da libertação*; perspectivas. São Paulo, Loyola, 2000.

Sublinhe-se que redenção e libertação são sinônimos da relação global, integral do homem com Deus que, em Jesus Cristo, se inclinou sobre o homem sofredor e necessitado de salvação. Gutiérrez distingue três níveis de libertação ou, respectivamente, de pecado: o pecado como ruptura mais profunda da amizade com Deus e com os outros homens e, portanto, como raiz de toda forma de escravização do homem, tanto interior como exterior. Isso se mostra, num segundo aspecto, como necessidade de libertação da escravidão interior de uma desenfreada sede de lucro. Isso acontece, num terceiro nível, na tentativa de superar, sob o signo do seguimento de Cristo, a opressão, a marginalização, a exploração e os crimes econômicos e sociais que nascem deles e que constituem o pecado social e estrutural como manifestação do pecado pessoal.

Nesse contexto é necessário realizar especificações acerca dos conceitos de *pobreza* e de *fome*. Numa perspectiva bíblica, pobreza significa antes de tudo a miséria que degrada o homem, depois a conotação da necessidade geral de salvação dos homens aos quais é anunciado o Evangelho. Finalmente, a pobreza é abertura espiritual e disponibilidade ao serviço do Reino de Deus. O convite para a pobreza em sentido evangélico não significa absolutamente que um cristão escolha voluntariamente viver numa condição que degrade a dignidade humana. O religioso que faz voto de pobreza renuncia à propriedade pessoal para participar assim plenamente na missão da comunidade religiosa, para pôr-se inteiramente a serviço dos doentes e dos pobres ou também a serviço da atividade educativa ou formativa na escola ou na universidade. Nesse sentido se deve entender também a já famosa expressão de João Paulo II que, numa carta à Conferência episcopal do Brasil, em 1986, sublinhava como a Teologia da Libertação deve ser "não só oportuna, mas útil e necessária". Claro que era exatamente este o pensamento que o inspirava quando, um ano antes, em Villa El Salvador, um bairro pobre de Lima, diante de milhões de pessoas, exclamou: "A fome de pão deve ser vencida, a fome de Deus deve ficar".

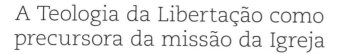

A Teologia da Libertação como precursora da missão da Igreja

A Teologia da Libertação, assim como está desenvolvida por Gutiérrez, não é uma sociologia vestida de teologia. A Teologia da Libertação é teologia em sentido estrito. Ela não prega a luta de classes, mas a superação do antagonismo realmente existente entre classes e grupos de poder e também do racismo, elementos estes dos quais nascem a pobreza e o desprezo pela dignidade da maior parte da humanidade.

O fundamento da Teologia da Libertação é a fé de que Deus criou o homem à sua imagem e que, no seu Filho Jesus Cristo, se ocupa do homem a ponto de Jesus aceitar a morte à qual os seus adversários o condenaram. O objetivo é tornar Deus reconhecível como Deus da vida e como vencedor da morte em todas as dimensões da existência humana. A Teologia da Libertação supera todo dualismo que quer relegar Deus a um além e reduzir a salvação à mera dimensão interior.

O homem está na profunda tensão de um "ser interpelado" por Deus na criação, na história de salvação e na expectativa da consumação dela, além dos limites da morte individual e do fim total da história. Fé cristã significa participar, de modo inteligente e ativo, no processo de transformação da história que Deus, na atividade salvífica de Jesus Cristo, inaugurou definitivamente como caminhada para ele.

Desse modo, daí resulta para a teologia um tríplice passo metodológico.

Primeiro: na fé e no seguimento de Jesus os cristãos participam ativamente na práxis libertadora de Deus pela dignidade pessoal do homem e pela sua salvação. Na análise da sociedade, a Teologia da Libertação utiliza-se também dos métodos das ciências humanas e sociais. Nisso se diferencia da teologia clássica, dialogando não só com a filosofia. Exatamente nesse ponto se justificam as observações críticas feitas pela Congregação para a Doutrina da Fé (*Libertatis nuntius*, de 1984). Com isso se quer evidenciar a necessidade de distinguir entre os resultados das ciências sociais, por um lado, e, por outro, os desvios ideológicos provenientes deles. Como se sabe, a segunda instrução da Congregação para a Doutrina da Fé (*Libertatis conscientia*, de 1986) valoriza *lato sensu* uma teologia da liberdade retamente entendida.

Daí resulta, como *segundo* passo metodológico, a análise social, ou a reflexão crítica e racional à luz do Evangelho e da revelação sobre as causas nacionais e internacionais, bem como sobre as dimensões históricas e estruturais da pobreza maciça.

Um *terceiro* passo, enfim, está dirigido a uma transformação ativa, pensada criticamente, da realidade empírica. Porque o objetivo é o domínio de Deus na terra assim como anunciado por Jesus. O domínio de Deus deve ser entendido aqui como princípio dinâmico que, na concretização da condição dos homens que sofrem os efeitos do estranhamento de Deus, se torna princípio transformador na vida humana, social e individual na terra. Daqui deriva a opção preferencial pelos pobres e pelas pessoas privadas da sua dignidade humana. A opção pelos pobres não exclui os ricos. Porque também eles são destinatários do agir libertador de Deus, libertados da angústia de se sentirem obrigados a realizar a sua vida somente arrancando a dos outros para si. Tanto com respeito aos pobres como aos ricos, o agir libertador de Deus tende a uma transformação deles em autênticos sujeitos humanos, portanto, a serem libertados de qualquer forma de opressão e de dependência.

Já no Antigo Testamento, na experiência do êxodo, se mostra como a redenção é entendida como agir libertador. Deus não manda os israelitas escravizados para um além melhor, mas os conduz para a terra da promessa, que é a terra da liberdade. O agir libertador de Deus culmina na vida de Cristo. Jesus anuncia o Reino de Deus como evangelho para os pobres, para os excluídos, para os doentes. Além disso, demonstrou o agir libertador de Deus também diante

III. A Teologia da Libertação hoje

da resistência dos pecadores, ao dar prova, até sua própria morte, do amor de Deus como fundamento da existência humana, na vida e na morte. Através da cruz e da morte de Jesus, Deus elevou o mundo à categoria de realidade, na qual vai se impondo a nova criação. Por isso a cruz é a revelação da opção de Deus por aqueles que sofrem, pelos deserdados, pelos torturados, pelos assassinados. Na Ressurreição de Jesus dos mortos, Deus mostrou de modo original e exemplar aquilo que é propriamente a vida, mostrou como a liberdade pode se realizar num ser-para-os-outros e numa luta para a consecução de condições de vida dignas do homem.

Talvez se possa caracterizar da melhor maneira o significado e a importância de Gustavo Gutiérrez como teólogo, e também como cristão convicto, com as palavras com as quais ele conclui a sua obra mais conhecida:

> Se a reflexão teológica não levar a vitalizar a ação da comunidade cristã no mundo, a tornar mais pleno e radical o compromisso de caridade; se, mais concretamente, na América Latina, não levar a Igreja a se colocar claramente e sem restrições mediatizantes do lado das classes oprimidas e dos povos dominados, essa reflexão terá servido de pouco. [...] É preciso cuidar-se para não cair numa autossatisfação intelectual, num tipo de triunfalismo feito de eruditas e avançadas "novas" visões do cristianismo. O único realmente novo é acolher dia a dia o dom do Espírito que nos faz amar em nossas opções concretas para construir uma verdadeira fraternidade humana, em nossas iniciativas históricas por subverter uma ordem de injustiça, com a plenitude com que Cristo nos amou. Parafraseando o conhecido texto de Pascal, podemos dizer que todas as teologias políticas, da esperança, da revolução, da libertação, não valem um gesto autêntico de solidariedade com as classes sociais exploradas. Não valem um ato de fé, de caridade e de esperança comprometido – de uma maneira ou de outra – numa participação ativa por libertar o homem de tudo o que o desumaniza e o impede de viver segundo a vontade do Pai.[8]

---

[8] Ibid., pp. 343-344. A tradução para o português foi feita a partir do livro: G. Gutiérrez. *Teologia de la liberación*; perspectivas. 7. Sígueme, Salamanca, 1975, pp. 387-388.

IV. "Examinai tudo e ficai com o que é bom" (1Ts 5,21)

25 anos da Instrução *Libertatis conscientia*, sobre a Teologia da Libertação

No volume X dos *Gesammelte Schriften* de Joseph Ratzinger, publicado em fevereiro de 2012, e que toma como ponto de partida a escatologia, foram inseridos também os textos sobre a Teologia da Libertação. Há 25 anos era publicada a Instrução da Congregação para a Doutrina da Fé, sobre a liberdade cristã e a libertação, intitulada *Libertatis conscientia*, assinada pelo então prefeito, Cardeal Joseph Ratzinger. Ela contém a avaliação em nível magisterial da Teologia da Libertação desenvolvida na América Latina. Vale a pena relê-la porque mostra a surpreendente clarividência daquele documento. As afirmações pessoais de Joseph Ratzinger sobre a Teologia da Libertação examinam a fundo a tendência, reconhecida nela, a politizar a teologia e a reduzir a Igreja a uma série de atividades inframundanas. Ratzinger via que exatamente nisto se punha em discussão

IV. "Examinai tudo e ficai com o que é bom" (1Ts 5,21)

a própria natureza da Igreja e da teologia. Não se trata de exprimir um *sim* ou *não* impulsivo e sem motivo relativamente à Teologia da Libertação, mas de realizar um *profundo esclarecimento* acerca dos aspectos positivos, bem como acerca dos seus limites e dos seus perigos. A Teologia da Libertação abraça uma quantidade de concepções e de autores parcialmente em oposição entre eles. No entanto, na base dela há uma pergunta fundamental: diante de condições de vida que lesam a dignidade humana, como pode tornar-se eficaz, na vida dos indivíduos e da comunidade, a mensagem do amor de Deus, a força transformadora do Evangelho?

Teologia da Libertação "católica"?

Toda concepção de uma Teologia da Libertação continua católica enquanto a sua hermenêutica global for a da autorrevelação real e salvífica de Deus no seu Filho Jesus Cristo, cuja interpretação fiel foi confiada à Igreja por meio do *sensus fidei* de todos os fiéis e do magistério dos bispos e do papa. Ambos os documentos da Congregação para a Doutrina da Fé de 1984 e de 1986 (a *Libertatis nuntius* e a *Libertatis conscientia*) se predeterminam a preservar as "Teologias da Libertação" de se tornarem ideologias, perdendo assim o seu caráter de teologia. A segunda instrução de 1986 tenciona, nesse sentido, realizar diferenciações aprofundadas. Ela condena aquelas tendências que perderam de vista o sobrenatural e seguem concepções dos processos da libertação e das revoluções aparentemente iluministas, mas na realidade mitológicas. *Semelhantes "teologias" eram, afinal de contas, apenas uma superestrutura de um projeto marxista.* A *Libertatis conscientia* evidencia, por outro lado, a concepção cristã autêntica do homem e do mundo; e assim ela aplana o caminho para uma verdadeira Teologia da Libertação que esteja estreitamente vinculada com a Doutrina Social da Igreja e que possa e deva fazer com que sua voz seja fortemente ouvida também no mundo de hoje. É uma concepção que, partindo da fé, toma consciência da realidade histórica

Pobre para os pobres

global do homem – tanto como indivíduo como membro da sociedade – e oferece diretrizes de ação não apenas para o cristão individualmente, mas também para as grandes decisões políticas e econômicas.

As afirmações concernentes à cristologia e à soteriologia, à doutrina da graça e à antropologia não podem ser reinterpretadas de maneira meramente existencialista e político-revolucionária, degenerando assim em elementos de um programa social de autorredenção. A fé não pode ser reduzida à afirmação pela qual ela seria apenas "fidelidade à história", "esperança ao olhar para o futuro" e coisas semelhantes. Na realidade, fé, esperança e amor são virtudes teologais, dons da graça que devem necessariamente ter como consequência a responsabilidade pelo mundo e pela história, a opção pelos pobres. Amor a Deus e amor ao próximo são inseparáveis um do outro. Mas o amor a Deus acima de todas as coisas é realidade autêntica, e não se dirige a uma pessoa fictícia no além, enquanto apelo a um agir social responsável. No ensinamento dos padres e da escolástica sobre os diferentes "sentidos" da Escritura, o sentido moral pressupõe o sentido histórico e o postula, no entanto não se dissolve nele.

O Evangelho: anúncio de liberdade e de libertação

Ponto de partida da *Libertatis conscientia* é a "consciência da liberdade e da dignidade do homem", que move todos os homens do mundo inteiro, e que "encontra-se na origem das fortes aspirações à libertação que hoje fermentam em nosso mundo".[1] Já que o "Evangelho, por sua própria natureza, é mensagem de liberdade e de libertação",[2] a Igreja pode fazer suas aquelas aspirações.

O abandono de um conceito de liberdade, cujo critério fundamental é a anarquia e cujo caminho é a eliminação sistemática de

---

[1] Congregação para a Doutrina da Fé, *Instrução sobre a liberdade cristã e a libertação*, 22 de março de 1986, n. 1.

[2] Ibid.

IV. "Examinai tudo e ficai com o que é bom" (1Ts 5,21)

todo vínculo; a distinção entre a ordem sobrenatural da salvação e a ordem temporal da vida humana, que deve ser vista, ainda assim, dentro do único desígnio de Deus, que é recapitular todas as coisas em Cristo; tudo isso – afirma o documento – confere à liberdade cristã como graça um contínuo dinamismo a fim de realizar condições de vida terrenas marcadas pela dignidade humana, pela liberdade, pela justiça, pela convivência pacífica no âmbito familiar, estatal e da comunidade global.

"Libertação" sem violência

Um olhar nas Escrituras mostra que a história da aliança é história de libertação, com uma opção de Deus – que emerge sempre mais claramente – pelos pobres, pelos necessitados e pelos explorados, de modo que, pela soteriologia, se exige também uma ética, "A missão libertadora da Igreja" – diz o fundamental quarto capítulo da instrução – tem a sua origem na mensagem de liberdade e de libertação de Jesus e no próprio agir de Jesus. A Igreja afirma de maneira positiva "os fundamentos da justiça na ordem temporal",[3] e assim "a Igreja é fiel à sua missão quando denuncia os desvios, as servidões e as opressões de que os homens são vítimas".[4] A Igreja condena, porém, de acordo com a sua missão, todos os métodos com os quais se responde à violência com violência, ao terror com terror, à supressão dos direitos com a supressão dos direitos.

A contribuição dos cristãos para uma sociedade justa

Nos males espirituais e materiais que afligem grande parte da humanidade por meio de sistemas injustos, a Igreja faz "a opção

---

[3] Ibid., n. 62.
[4] Ibid., n. 65.

Pobre para os pobres

preferencial pelos pobres"[5] não para desencadear conflitos, mas a fim de derrubar as barreiras entre as classes e fazer da solidariedade, da dignidade humana e da subsidiariedade os fundamentos da ordem social. Com respeito à relação entre pecado pessoal e estrutural, é preciso dizer que existe "uma estrutura de pecado"[6] como resultado de desenvolvimentos coletivos errados e como expressão de mentalidades falsas. Essas estruturas podem ser chamadas de pecado porque são fruto do pecado e conduzem ao pecado.

Mas isso não exclui a responsabilidade individual da pessoa. Ninguém pode justificar-se dizendo que foi constrangido pelo sistema a explorar os outros seres humanos e a arruiná-los para que pudesse garantir a própria sobrevivência.

A práxis libertadora dos cristãos: a civilização do amor

Os chamados processos historicamente necessários não determinam, por assim dizer, de maneira fatalista o homem, ao tirar dele o livre uso da sua responsabilidade perante Deus. Não é o "destino" e não são as "leis da história", mas é a *Providentia Dei* que determina o curso da história com respeito à liberdade humana e à sua consumação no amor, tanto pelo que diz respeito a esta vida como com relação à vocação sobrenatural do homem.

Permanece a prioridade da pessoa sobre a estrutura. Por isso, a práxis libertadora dos cristãos – que deriva da libertação do pecado e da comunicação da graça – tem como consequência tanto a mudança e o contínuo melhoramento das condições materiais e sociais da vida, quanto o encontro pessoal entre pessoa e pessoa no amor de Cristo e como coração do ser cristão:

---

[5] Ibid., n. 66-68. [O documento fala em "opção *privilegiada* pelos pobres" – n. 68 (N.T.).]

[6] João Paulo II, Carta Encíclica *Sollicitudo rei socialis*, 30 de dezembro de 1987. [O papa usa a expressão "estruturas de pecado" (sempre no plural) nos n. 36, 37, 38, 39, 40 (N.T.).]

IV. "Examinai tudo e ficai com o que é bom" (1Ts 5,21)

Um desafio sem precedente é hoje lançado aos cristãos que se esforçam por realizar aquela "civilização do amor" que reúne toda a herança ético-social do Evangelho. Essa tarefa exige uma reflexão nova sobre aquilo que constitui a relação entre mandamento supremo do amor e ordem social, considerada em toda a sua complexidade.

Trata-se de "um imenso esforço de educação: educação para a civilização do trabalho, educação para a solidariedade, acesso de todos à cultura".[7] Um esforço assim é necessário para a Igreja, serve de ajuda para os pobres e os indigentes do mundo inteiro.

Essa instrução da Congregação para a Doutrina da Fé identificou, portanto, o conteúdo positivo das novas abordagens teológicas e mostrou como "uma Teologia da Libertação autêntica" (João Paulo II) e a Doutrina Social da Igreja Católica são essenciais para o serviço da Igreja ao mundo. Todos devem visar tornar operante a doutrina cristã da liberdade e da dignidade do homem.

---

[7] Congregação para a Doutrina da Fé, *Instrução sobre a liberdade cristã e a libertação*, 22 de março de 1986, n. 81.

A missão evangelizadora da Igreja

I. A fé: verdadeira riqueza da Igreja

Só uma grande positividade está em condições de atrair o nosso olhar

Para um estrangeiro que abre pela primeira vez a página inicial de *I promessi sposi* (*os noivos*, na tradução brasileira), as palavras de Alessandro Manzoni que descrevem os lugares do lago de Como representam um autêntico convite para a razão, quase um contágio.

Ao abrir ao leitor, de modo tão rápido mas eficaz, aquele panorama de golfos, promontórios, torrentes, vales, aldeias e perfis de montanhas, Manzoni move o olhar para a maravilha. O gênio desse escritor milanês do século XIX, com poucas e incisivas palavras, consegue fazer transparecer aquela positividade que – aos nossos olhos apenas em certos dias – a natureza é capaz de revelar.

Apenas uma grande positividade está em condições de atrair o nosso olhar – os horizontes da nossa razão, diria Papa Bento XVI

– e ampliar as suas capacidades cognitivas. De fato, diante de certos espetáculos da natureza e de certos acontecimentos, nos sentimos atingidos e mexidos no profundo de nós mesmos, a ponto de toda a nossa pessoa, toda a nossa liberdade se sentir neles transportada e interpelada.

É um entusiasmo que nos arrasta até o coração da realidade que temos diante dos olhos e nunca como nessas ocasiões nos sentimos uma coisa só com o que conhecemos. Experiência semelhante acontece também no amor. E, de fato, a primeira forma de amor, ou seja, o apego, do qual a nossa razão é capaz, experimenta-se e documenta-se exatamente perante a realidade, ao encontrar passos tão positivos.

Deixando de lado a minha admiração pessoal pelo talento de Alessandro Manzoni, quis iniciar fazendo referência a essas experiências porque o que acontece no homem através daquele fenômeno que se chama "fé" – pelo menos na sua acepção cristã e católica – possui muitas analogias com o que está descrito anteriormente.

Nada como a beleza, o bem, a verdade e o amor, entrevistos na realidade, estão em condições de agarrar a nossa razão e lançá-la na aventura cognoscitiva, envolvendo toda a nossa pessoa, inclusive a afetividade, bem como de dar-nos certezas fundamentais para a existência. Esta constatação já deveria fazer surgir em nós pelo menos algumas dúvidas sobre a objetividade gnosiológica certa que, faz alguns séculos, é atribuída àquela distância crítica que a ciência moderna reivindica como condição e garantia de certezas sólidas.

Certamente não há quem não veja como as paixões e os sentimentos podem fazer brincadeiras de mau gosto, diminuindo em alguns casos o senso da realidade em quem se deixa senhorear e dominar por eles. No entanto, o sentimento desempenha um papel bastante importante em nível cognitivo e não se pode desembaraçar-se dele tão facilmente sem consequências negativas para a razão.

Isso é tão verdadeiro que, sem um sentimento de interesse autêntico por aquilo que conhecemos, não podemos alcançar verdadeiramente

I. A fé: verdadeira riqueza da Igreja

a realidade. Os que estão empenhados no seu trabalho científico e intelectual se dão conta disso facilmente. Também pode perceber isso com facilidade um doente que tem um médico na sua frente, o qual não está nada interessado nele.

Aliás, a própria realidade, tanto no seu conjunto como nos seus detalhes, é capaz de provocar ao mesmo tempo tanto a razão como a afetividade humana. De fato, é exatamente graças a um repetido contragolpe, ou *affectus*, que a inteligência conhece sempre mais o que os seus olhos veem.

Só esta dinâmica está em condições de educar a razão humana para uma humildade fundamental diante das coisas e das pessoas, graças a uma aproximação contínua e sem presunção do objeto do conhecimento. Somente favorecendo esse dinamismo, inerente à nossa natureza, podemos dizer que nos encaminhamos realmente para um conhecimento que não se contenta com esquemas e modelos – úteis embora sempre aproximativos –, mas quer alcançar certezas autênticas sobre a realidade.

Isso é sempre verdadeiro, embora se torne especialmente evidente em certas ocasiões da vida. Manzoni demonstrou isso para sempre com a primeira página do seu conhecido romance. Basta deixar-se envolver na sua aventura cognoscitiva e reconhecer isso. Basta ter a lealdade e a honestidade de segui-lo quando nos toma pela mão e, através daquele lago e daqueles montes, nos faz ver de modo bem diferente.

Não temo ousar estas considerações e usar estes argumentos, porque nada do que dissemos antes nos leva ao terreno da "fé". A fé, de fato, é um fenômeno que nasce no homem que se encontra no mundo e vive, e conhece, e ama, e busca, e perde, e encontra... A fé, portanto, aflora e floresce como evento que envolve tanto a razão como a afetividade, dentro daquela aventurosa provocação que é a realidade.

O mundo como epifania de Deus

A própria realidade do mundo, na sua globalidade e através de experiências particularmente significativas, se oferece à inteligência e à vontade do homem como lugar de revelação dos significados, do mínimo ao máximo, e de provocação para a pesquisa do que mais o atrai.

O próprio Deus criou a realidade do mundo como lugar de epifania, de sugestão e de busca, para que os homens, "andando às apalpadelas" (At 17,27), o buscassem e se aventurassem a encontrá-lo. O próprio Deus manifesta abertamente as coisas aos olhos do homem para que, conhecendo-as, das mais simples – transcendendo-as – chegasse às mais profundas, subindo os degraus da realidade até o mistério, raiz da qual tudo provém e que a tudo submete.

Por isso as mentes mais agudas da humanidade sempre perceberam certos conhecimentos como limiar e início de outro conhecimento bem diferente; por exemplo, o conhecimento daquilo que é bom, belo e verdadeiro como a sugestão daquilo que o é ainda mais, num movimento sem fim da razão para a sua meta última.

Por isso Agostinho de Hipona, padre e doutor da Igreja, percebe o mistério de Deus tão positivamente inscrito na existência e na experiência humana que o sente vibrar nos acontecimentos mais significativos da vida:

> Deus, pai da vida... pai da verdade... pai do bem e do belo... pai da felicidade... Deus vida verdadeira e suprema, em quem, por quem e mediante quem vivem todas as coisas que verdadeira e supremamente vivem... Deus verdade, em quem, por quem e mediante quem são verdadeiras todas as coisas que são verdadeiras... Deus bondade e beleza, em quem, por quem e mediante quem são boas e belas todas as coisas que são boas e belas... Deus felicidade, em quem, por quem e mediante quem são felizes todos aqueles que são felizes.[1]

---

[1] Agostinho de Hipona, *Soliloquia*, I, 2-3.

Esse movimento da razão, desde os fragmentos de realidade que conhece rumo a um sentido que é inerente a eles, mas, ao mesmo tempo, os transcende, essa passagem da superfície das coisas para a sua profundeza, até a raiz que as constitui e da qual brotam, está inscrito no conhecimento do ato de fé. A fé, de fato, reconhece a realidade do mundo como um sinal, como um fenômeno que remete a uma profundeza na qual ele está, de algum modo, ancorado e do qual depende *in radice*.

Aliás, todas as vezes que reconhecemos um significado objetivo passamos da dispersão e da superfície dos elementos para a sua conexão intrínseca e, portanto, num certo sentido, começamos a tocar a sua realidade profunda e o seu fundamento ou *númeno*. Por isso, é absolutamente insustentável o corte kantiano do percurso do fenômeno ao fundamento.

O hiato entre fenômeno e fundamento da realidade, assim como a inacessibilidade do *númeno*, na verdade só pode ser afirmado de maneira relativa, pois já no nível cognoscitivo a nossa razão, através do mundo dos significados, encontra-se projetada num itinerário que a move para o fundo da realidade, passando dos significados menores para os maiores e últimos. Uma lealdade gnosiológica permite que reconheçamos que a razão pode percorrer boa parte desse trajeto, ainda que só as suas forças não sejam capazes de chegar a extremos e conclusivos.

Intellectus quaerens fidem, fides quaerens intellectum

Em todo caso, o que afirmamos anteriormente nos ajuda a colocar o fenômeno "fé" na esfera racional do homem, como acontecimento que se refere ao seu âmbito cognoscitivo. Estas considerações elementares já nos permitem ver como a fé não é simplesmente relegável ao círculo da irracionalidade ou fora dos limites do conhecimento humano.

Ela diz respeito à razão, é acontecimento que concerne à inteligência do homem na sua relação com a realidade, e arrasta consigo toda a liberdade humana, vontade e afetividade incluídas. E vai muito além da simples confiança que pode haver para com uma pessoa ou de um hipotético princípio último e normativo da realidade. A fé se alimenta da realidade, "não é acréscimo heterogêneo ao saber humano",[2] mas, graças à luz que vem do fundamento da realidade, é movida pelas coisas que a inteligência conhece, percorre a realidade subindo gradualmente os seus níveis, até o último. *Intellectus quaerens fidem*, podemos dizer na esteira da Encíclica *Fides et ratio* do Papa João Paulo II, ao se referir a esse movimento ascendente da razão, que impele além dos seus limites cognoscitivos intransponíveis para aquilo que permite que ele se transcenda e se supere.

Aliás, o próprio Jesus – qualificado pelo Novo Testamento como aquele que dá início (*archêgon*) à fé e a leva à consumação (*teleiôtên*)[3] – é quem nos convida a compreender como ela é inerente ao olhar que dirigimos ao mundo e à vida:

> Quando vedes uma nuvem levantar-se no poente, logo dizeis que vai chover. E assim acontece. Quando sentis soprar o vento sul, dizeis que vai fazer calor. E assim acontece. Hipócritas! Sabeis interpretar os fenômenos da terra e do céu; então como não sabeis interpretar o momento presente? Por que não julgais vós mesmos o que é justo? (Lc 12,54-57).

A fé começa, portanto, ao penetrarmos na compreensão do real que vemos com os nossos olhos, parte daquilo que acontece neste mundo. Comporta um discernimento, um julgamento e uma compreensão do que está em jogo na realidade que se vive, desde a mais cotidiana, e aparentemente prosaica, até aquela que interessa à história e aos destinos definitivos do homem e do mundo, abrindo passagem para o fundamento último.

---

[2] G. L. Müller. *Dogmatica cattolica*. San Paolo, Cinisello Balsamo (Milano), 1999, p. 46.
[3] Cf. Hb 12,2.

I. A fé: verdadeira riqueza da Igreja

A fé é acontecimento que exige a inteligência humana – *fides quaerens intellectum*, dizia o grande filósofo e teólogo Anselmo de Cantuária, e a considerava como convite a alargar os seus horizontes cognoscitivos, a ampliar as suas perspectivas, até captar os significados daquilo que acontece, desde o mais imediato até o último. Ela é um ato de profundo conhecimento da realidade e parte dessa realidade que todos conhecemos.

São, aliás, os Evangelhos – os quais nos oferecem a *Magna charta* dos acontecimentos referentes à fé cristã – que no-la apresentam desse modo. Nos Evangelhos, alguns homens, ao encontrarem Jesus de Nazaré, ao se familiarizarem com ele, reconhecem pouco a pouco nesse homem – é, portanto, um acontecimento cognoscitivo – que através dos seus gestos, das suas palavras, o seu rosto se mostra bem diferente. Naquele homem presente e próximo da vida deles reconhecem o Mistério que faz todas as coisas, aquele a quem a tradição religiosa da humanidade chama "Deus".

Frequentando aquele homem, com a ajuda da sua presença, das suas palavras, dos seus olhares, a razão deles faz aquela passagem que os leva a reconhecerem nele, exatamente naquele homem, o próprio Deus. Com Jesus, eles são conduzidos a dar, quase sem se aperceberem, aquele salto que a razão humana muitas vezes acha impossível e paradoxal, a saber: reconhecer que o Universal se faz presente e vem coincidir num particular histórico bem identificado. Isso, de fato, acontece quando aqueles que estão mais perto dele começam a reconhecer no homem Jesus já aquele que depois da sua morte e ressurreição se revelará a eles como Senhor e Deus.[4] Por isso, com razão, Jesus Cristo foi definido como o "universal concreto".[5]

Desde a surpresa de ver aquele que muda a água em vinho em Caná da Galileia até a multiplicação dos pães e dos peixes, desde o passeio sobre as águas do lago de Tiberíades até reaparecer vivo

---
[4] Cf. Jo 20,28.
[5] Hans Urs von Balthasar.

depois da morte cruenta no madeiro ignominioso da cruz, uma certeza brotava da realidade que eles conheciam e abria caminho na sua razão, tornando-se fé, convicção profunda.

Talvez, porém, a trajetória dessa certeza seja documentada ainda mais pelos grandes encontros com Jesus que os Evangelhos narram: desde o paralítico ao cego de nascimento, desde a adúltera até a samaritana, até o bom ladrão na cruz. Aqui, a experiência da ternura com a qual Jesus se aproximava de maneira especial dos desamparados, dos fracos, de quem quer que fosse necessitado, e sobretudo a misericórdia com a qual ele abordava os pecadores, os perdoava e os convidava à conversão, manifestam nele um olhar totalmente humano, totalmente à medida do coração do homem, que se revela de maneira sobre-humana capaz de abraçá-lo com totalidade.

Aquele homem é Deus. Nele, o Antigo e o Novo Testamento se unem em aliança, nele céu e terra se unem e, graças a ele, o céu – o fundamento da realidade que, de outro modo, permaneceria inacessível ao homem, apesar de desejado – torna-se finalmente "aberto". Esta é a certeza à qual "os olhos da fé" conduzem.

Conversatus est cum hominibus – não apenas falou de modo humano com os homens, mas morou como homem no meio dos homens – diz a versão latina da Bíblia.[6] "O Deus invisível, levado por seu grande amor, fala aos homens como a amigos e entretém-se com eles para convidá-los e recebê-los em sua comunhão. [...] O conteúdo íntimo da verdade comunicada por esta revelação a respeito de Deus e da salvação do homem se manifesta a nós em Cristo, que é ao mesmo tempo mediador e plenitude de toda a revelação", é o eco que a Constituição dogmática do Concílio Vaticano II *Dei verbum* (n. 2) faz à Escritura.

No reconhecimento de Deus, que em Jesus de Nazaré se faz homem no meio dos homens e, na adesão a ele, se encontra o coração da fé cristã. Aqui podemos colher um segundo movimento – que, na

---

[6] Baruc 3,38.

I. A fé: verdadeira riqueza da Igreja

verdade, só é possível porque "primeiro" do ponto de vista ontológico –, um movimento condescendente do Mistério se oferece ao conhecimento do homem.

Significam isso as palavras iniciais da primeira carta de João:

> O que era desde o princípio, o que ouvimos, o que vimos com os nossos olhos, o que contemplamos e o que as nossas mãos apalparam a respeito da Palavra da vida – porque a vida se manifestou, e nós vimos, testemunhamos e vos anunciamos a vida eterna que estava com o Pai e nos foi manifestada.[7]

Ouvir, ver e tocar são os verbos que descrevem o acontecer da fé no homem que em Cristo reconhece a Deus.

Logos e ágape: os fundamentos do real na raiz de fé, esperança e caridade

Em Jesus Cristo se revela aos homens a Palavra da vida, o Verbo, o *Logos* originário, o princípio fundador de todas as coisas, a razão primigênia e ordenadora do cosmo, o *mystêrion* ao qual Paulo se refere nas suas cartas.[8]

Naquele homem que deu a sua vida "até o fim" (Jo 13,1) por amor dos homens, revela-se a vontade salvadora universal de Deus para com todos os homens[9] – exatamente isso nos convida a professar o símbolo da fé cristã com a expressão *pro nobis* –, e fica evidente que na origem de todas as coisas há um nexo profundo entre racionalidade e amor: por isso o coração da realidade, não obstante todas as suas contradições, graças a Jesus Cristo, se revela ser não o lugar do caos e do vazio, mas o espaço no qual estão inseparavelmente ligados *Logos* e *Agape*.

---

[7] 1Jo 1,1-2.
[8] Cf. Ef 3,3.
[9] Cf. *pantas anthrôpous*, 1Tm 2,4.

61

Pobre para os pobres

Como nos ensina o teólogo Joseph Ratzinger, depois Papa Bento XVI, em Jesus Cristo "o primado do Logos e o primado do amor se revelam idênticos. O Logos não aparece mais só como razão matemática na base de todas as coisas, mas como amor criador, a ponto de tornar-se com-paixão para com a criatura". Nele, então, "o amor e a razão coincidem como verdadeiras pilastras do real: a razão verdadeira é o amor e o amor é a razão verdadeira. Na sua unidade, eles são o verdadeiro fundamento e o fim de todo o real".[10]

Exatamente porque em Jesus Cristo a razão verdadeira da realidade se revela como sendo o amor, e este entrelaçamento entre *logos* e *agape* se manifesta como o fundamento e o fim de tudo o que existe, quem reconhece e acolhe esta verdade – quem vive na fé –, também diante das graves contradições que agitam o coração do homem ou transtornam a vida e o mundo, pode finalmente "esperar", pode olhar o presente e o futuro com confiança. Porque a positividade que se revela em Jesus é descoberta como o sinal que exprime e comunica eficazmente a positividade última da qual tudo provém e para a qual tudo se dirige, apesar de toda a aparência contrária.

A luz da verdade e do bem, da racionalidade e do amor, que se manifesta em Jesus Cristo, se dilata – como de um centro – para toda vida, para a história e o cosmos, revelando a sua positividade de origem e de destino:

> Cristo é... tudo em todos, ele que tudo encerra em si segundo o poder único, infinito e sapientíssimo da sua bondade – como um centro para o qual convergem as linhas –, a fim de que as criaturas do Deus único não permaneçam estranhas e inimigas umas das outras, mas tenham um lugar comum onde manifestar a sua amizade e a sua paz.[11]

---

[10] J. Ratzinger. *Fede, verità, tolleranza*. Cantagalli, Siena, 2003, pp. 191-192; trad. bras.: *Fé, verdade, tolerância; o cristianismo e as grandes religiões do mundo*. (Trad. do alemão Sivar Hoeppner Ferreira. São Paulo, Instituto Brasileiro de Filosofia e Ciência "Raimundo Lúlio", 2007.)

[11] Máximo, o Confessor. *Mistagogia*, I.

I. A fé: verdadeira riqueza da Igreja

A positividade que o homem pode encontrar em Jesus Cristo não só dá um sentido novo e uma direção decisiva para a sua vida,[12] mas, graças à luz proveniente da sua Ressurreição, torna-se esperança também diante do grande limite, do grande rochedo contra o qual se quebram toda expectativa e empreendimento humano: a morte.

Por isso, a Tradição da Igreja, desde o início, entendeu a própria fé como luz, como uma luz que ilumina a vida dos homens e do mundo inteiro com positividade: *fides mundi lumen*. Por isso também, de modo racional e não cego, não surdo às dificuldades, às antinomias e aos perigos de todo tipo que caracterizam a existência humana, a fé em Jesus Cristo que a Igreja proclama já contém em si uma esperança. A fé, de fato, abre uma luz positiva sobre o futuro a partir da garantia de verdade e de bem – uma verdade e um bem mais fortes do que todo limite – que conhece e recebe de Deus no presente.

Esse penhor de verdade e de bem, de *logos* e de *agape*, que se torna acessível em Cristo, convida a uma esperança racional, enchendo o coração do homem de gratidão pelo dom recebido. E dado que não há nada que leve a amar como o fato de sentir-se agradecido por um grande amor recebido, esse dom move, por sua vez, o homem da gratidão para o amor.[13] Esse amor, primeiro recebido de Deus e depois dado, toma o nome de "caridade".

A caridade é, de fato, a vida do homem que se torna ação atuante graças à fé em Jesus Cristo e ao apoio do seu Espírito. É gratidão para Deus que se torna dom, até o sacrifício total de si, por amor aos irmãos. Há de fato uma espécie de "estrabismo" congênito à fé cristã. Quanto mais – realmente, e não apenas em palavras ou num formalismo ritual – o homem olhar para Deus e se deixar olhar por ele, tanto mais ele se torna capaz de olhar com familiaridade até o amor a quem está ao lado, o qual de estranho se torna "próximo". Trata-se de um amor atuante e propenso a compartilhar as necessidades do

---

[12] Cf. Bento XVI, Carta Encíclica *Spe salvi*, n. 26; Carta Encíclica *Deus caritas est*, n. 1.
[13] Cf. Tomás de Aquino. *De rationibus fidei*, 5.

próximo, inclinado a acompanhar e a ajudar, não indiferente à sorte dos que estão perto e dos que estão longe. Um amor que tende a dilatar as dimensões do coração humano segundo as dimensões do coração de Deus.

Familiaridade, amor e partilha dão substância operativa à fé, a qual é chamada a se realizar, na esperança, através da caridade: *fides quae per caritatem operatur*, como nos recorda a carta de Paulo aos cristãos da Galácia (Gl 5,6). A fé é "intimamente formada pelo amor e levada à plenitude no sentido escatológico pela esperança na vida eterna":[14] *fides, caritate et spe formata*.[15] Exatamente essa "forma" da fé, que se realiza plenamente no homem, é o que, desde o início da Igreja,[16] mais introduziu e convenceu os homens à verdade que ela proclama. Essa fascinante atividade se nutre de uma circularidade ininterrupta entre verdade e amor, a qual, por sua vez, remete à circularidade original entre *logos* e *agape*, circularidade sobre a qual se fundamenta e da qual está impregnada a realidade toda.

A vida em Cristo como vida na fé eclesial: "Eu, mas já não eu"

A essa altura, gostaria de oferecer uma indicação ulterior concernente à própria natureza da fé e das implicações que derivam dela para quem a acolhe.

A fé, na sua substância profunda, é relação do homem com Deus "Pai nosso", o qual concentra a sua revelação em Jesus Cristo e a perpetua graças ao dom do Espírito Santo. Mediante a fé nos tornamos "filhos de Deus" no seu Filho Unigênito.[17] Por isso, ela introduz o homem na comunhão com o Deus trinitário, colocando-o vitalmente dentro de uma circularidade entre *Logos* e *agape* que revelam e tor-

---

[14] G. L. Müller. *Dogmatica cattolica*. San Paolo, Cinisello Balsamo (Milano), 1999, p. 980.
[15] Cf. Rm 5,1-5.
[16] Cf. Tertuliano. *Apologia*, 39, 7.
[17] Cf. Gl 3,26.

nam veraz também a natureza humana, a qual é racional e relacional. A própria natureza racional do homem o constitui como ser em relação num modo totalmente peculiar no cosmos, a ponto de permitir que ele entre em relação livre e consciente com o *Logos* originário, e isto é possível exatamente porque "a sua razão é logos do único Logos, pensamento do pensamento primitivo e original, do Espírito Criador que dispõe o ser até o fundo de suas raízes".[18]

Essa relação livre e consciente com o *Logos* originário, "fontal", que está inscrita na condição de criatura humana e que está na origem do modo específico com o qual o homem pode relacionar-se com todos os outros seres, mas por causa das consequências do pecado está ferida e obscurecida, graças à inclusão na vida trinitária do homem que acolhe até o fundo esse dom de Deus, recebe uma valorização, um aprofundamento e uma conotação totalmente inédita e particular.

Em síntese, podemos dizer que há um acontecimento detonador dessa intensificação qualificante da relação livre e consciente do homem com Deus: é o acontecimento da Ressurreição de Jesus Cristo que, graças à sua difusão realizada pelo Espírito em Pentecostes, se abre para o universal e se torna acessível para a humanidade inteira.

Tal acontecimento valoriza e aprofunda a relacionalidade inscrita na natureza humana, conotando-a como relação com Deus em Jesus Cristo, mediante o dom do seu Espírito. Isso implica que a vida do homem esteja irrevogavelmente – mesmo que não possa ser subtraída dos altos e baixos e das incógnitas da liberdade humana – incluída numa ligação com Deus, uma ligação de intimidade filial que se oferece a ela como horizonte totalizador do seu livre conhecer e pôr-se no mundo. Por isso, se a fé começa e vive na pessoa em particular, ela não pode agir e realizar-se numa subjetividade radicalmente autônoma, mas na circularidade de um "nós" comunitário.

---

[18] J. Ratzinger. *Introduzione al cristianesimo*. 19 ed. Brescia, Queriniana, 1969, 2013, p. 29 (trad. bras.: *Introdução ao cristianismo*. São Paulo, Herder, 1970, p. 27).

"Minha vida presente na carne eu a vivo pela fé no Filho de Deus, que me amou e se entregou por mim", explica São Paulo.[19] Graças a essa inclusão, sou eu quem vive – diz ele –, mas, ao mesmo tempo, "Cristo vive em mim".[20] "Eu, mas já '*não*' eu", comenta Papa Bento XVI, ao explicar esta passagem paulina:

> Com estas palavras, Paulo não descreve qualquer experiência mística... Não, esta frase é a expressão do que aconteceu no Batismo. O meu eu próprio é-me tirado e inserido num novo sujeito maior. Tenho de novo o meu eu, mas agora transformado, trabalhado, aberto por meio da inserção no outro, no qual adquire o seu novo espaço de existência.

Prossegue o papa: "A grande explosão da ressurreição agarrou-nos no Batismo para nos atrair. Desse modo, ficamos associados a uma nova dimensão da vida, na qual nos encontramos já de algum modo inseridos, no meio das tribulações do nosso tempo. Viver a própria vida como um contínuo entrar nesse espaço aberto: tal é o significado do ser batizado, do ser cristão". E conclui: "Eu, mas já não eu: tal é a fórmula da existência cristã fundada no Batismo, a fórmula da ressurreição dentro do tempo".[21]

Por isso, a vida vivida na fé é arrancada de um solipsismo individualista e se concretiza na identidade nova de um "eu" relacionado com um "nós", cujo corpo consiste na pessoa de Cristo Ressuscitado e daqueles que aceitaram pertencer a ele no sacramento do Batismo – esta é a Igreja.

Por esse motivo, a fé cristã quer ser fiel ao que o próprio Deus realizou em Jesus Cristo, só pode ser fé "eclesial". Esta é a sua natureza autêntica. Fé "eclesial" significa fé vivida nesse novo sujeito que nos torna um (*eis*) nele. "Um" quer dizer um só sujeito no qual vivo certamente eu mesmo, com o meu rosto pessoal, mas cuja identidade é definida em relação àquela nova subjetividade, que pode conter

---

[19] Gl 2,20.
[20] Ibid.
[21] Vigília pascal, homilia do Santo Padre Bento XVI na Basílica Vaticana, sábado Santo, 15 abr. 2006.

infinitamente e que está destinada e recapitulada em si o mundo inteiro (*anakefalaiosis*), que é Cristo Ressuscitado.

Um olhar e uma ação novos: ortodoxia e ortopráxis

Essa nova identidade diz respeito à ontologia do homem e é tão real que tende a ser qualificada e a exprimir-se com um olhar e um coração novos, num movimento que "plasma toda a existência humana segundo a novidade radical da ressurreição. Na medida da sua livre disponibilidade, os pensamentos e os afetos, a mentalidade e o comportamento do homem vão sendo pouco a pouco purificados e transformados".[22] A "fé... torna-se [assim] um novo critério de entendimento e de ação, que muda toda a vida do homem"[23] e o torna sempre mais fiel ao fato de ser imagem de Deus.

Portanto, se crer significa aderir a Deus que se revela e assim, de algum modo e de maneira incoativa, começar a olhar o mundo "com os olhos de Deus", esse olhar se torna presente e atual em todo tempo mediante o olhar do Corpo Ressuscitado de Cristo no mundo, ou seja, da Igreja. É então nesse nível – não ideológico, nem coletivista em sentido despersonalizante e alienante – que se coloca "a obediência da fé" (Rm 16,26), a qual – embora muitas vezes encontre a liberdade humana reticente – é, na realidade, identificação com esse olhar e com esses olhos novos que vivem no Cristo Ressuscitado e no seu Corpo. É ver e pensar "segundo Cristo" e ver e pensar todas as coisas "nele".

A fé implica então uma obediência que, se for entendida assim, não é humilhante para a liberdade, não é passiva ou vai logo embora, mas pede para ser livremente assumida, exige um seguimento que provoca, envolve e valoriza toda a liberdade humana.

---

[22] Bento XVI. Carta Apostólica *Porta fidei*, 2001, n. 6.
[23] Ibid.

A fé cristã convida a uma identificação com um olhar e um coração vivos, e nela há grande espaço para um diálogo dramático, tanto entre a liberdade de Deus e a do homem como entre as respectivas liberdades dos homens.

Exatamente nesse nível se coloca a necessária e inseparável relação entre *ortodoxia* e *ortopráxis* que convoca a Igreja. Exatamente porque essa identificação move ao mesmo tempo a razão e toda a liberdade do homem, a adesão de fé, à qual a vida nova em Cristo solicita, exige uma coerência que é ao mesmo tempo *noética* e *ética*. A fé, de fato, por uma nova mentalidade (*nous*) cria um comportamento (*práxis*) novo.

São Paulo faz referência ao seguimento dessa novidade quando descreve a vida na fé como uma "obediência de coração" (Rm 6,17), como "ser entregue a uma forma de ensinamento" (*typon didakhês*) peculiar, àquela nova "regra" de vida e de pensamento que brota do Cristo Ressuscitado e que vive hoje no coração da Igreja. Não se trata de um alinhamento rígido ou de uma limitação da liberdade, concernente a algumas tomadas de posição estratégicas, mas de uma comunhão de vida, que certamente tem uma estruturação hierárquica, mas cuja substância e expressão é sempre chamada a assumir a forma exigente da liberdade e do amor.

Nessa comunhão, os homens entram em familiaridade com Deus e por isso não podem permanecer estranhos uns aos outros. Ao deixar que Deus segure a sua mão, são chamados a segurar a mão e acompanhar uns aos outros. O escritor Charles Péguy exprimiu de modo poético essa familiaridade e caminhada comum da seguinte maneira: "Não nos salvamos sozinhos. Ninguém volta sozinho para a casa do Pai. Cada um dá a sua mão ao outro. O pecador segura a mão do santo e o santo segura a mão de Jesus...".

A *communio vitae* que vem de Deus não deixa o homem fixo em suas posições, mas solicita dele um contínuo êxodo de si mesmo para horizontes de humanidade sempre mais amplos "ao longo de um itinerário jamais completamente terminado nesta vida".²⁴ É uma caminhada do olhar e do coração que leva consigo a existência inteira e tende a envolver como companheiros de caminhada, na verdade e no amor, todos aqueles que aceitarem ser dóceis às mais nobres aspirações de seu espírito.

Assim, em todo tempo e geração se documenta e se perpetua um novo início do Reino de Deus, aquela plenitude (*plêrôma*) de vida nova que jorra da Ressurreição de Cristo e se difunde graças ao seu Espírito.

Cristo, "estrela da manhã" e luz da fé

Agora compreendemos muito mais profundamente o que dizíamos no início acerca da luz que vem pela fé em Jesus Cristo. É uma luz que promana da humanidade ressuscitada de Cristo e lança uma luz benéfica autenticamente humana sobre a nossa existência. Naquele escuro que, especialmente em certas circunstâncias históricas, o mundo parece estar, essa luz representa uma orientação segura. O próprio livro do Apocalipse faz alusão a Jesus falando da "estrela da manhã" (Ap 2,28): esta estrela anuncia o fim da noite e o início da aurora, a chegada de um novo dia, de uma nova estação do tempo.

Ao abrir os nossos olhos para a fé, deixamos que essa luz invada com nova esperança o nosso coração e encha de novas obras as nossas mãos. Deixemos que Deus, que seu Filho Jesus, pegue nossa mão, demo-nos uns aos outros as mãos e, bem conscientes das nossas pobrezas, deixemos que essa luz boa nos conduza para o novo dia que, desde sempre, Deus não cessa de preparar para nós.

---

²⁴ Ibid., n. 6.

II. "Do Deus dos mortos ao Deus dos vivos"

"A vida é demasiado breve para se beber vinho ruim" – gostava de dizer Johann Wolfgang von Goethe. Curioso adágio no qual se reflete a concepção epicureia do mundo e o niilismo quase infantil pela sua teimosia, próprio de muitas elites pós-modernas atuais.

Com respeito a essa posição, a visão cristã do mundo e do homem ressoa como um belo canto à vida e ao otimismo. Aquele otimismo que São Paulo exprime com entusiasmo na carta aos Romanos: "Sede alegres na esperança, perseverantes na tribulação, assíduos na oração, tomando parte nas necessidades dos santos, buscando proporcionar a hospitalidade" (12,12-13).

É um fato que a vida do homem na terra é breve, e quanto mais passam os seus dias, tanto mais cada um percebe a *brevitas vitae*, a brevidade da vida, como um desafio existencial. Mas o ponto é exatamente este: o tempo é o recurso que nos é dado para que nos despertemos do sono da ideologia da autorrealização ou, dito de outra maneira, da pretensão de que o homem possa construir-se apoiando-se

II. "Do Deus dos mortos ao Deus dos vivos"

unicamente em suas forças. Poderemos por isso responder: "A vida é demasiado breve para que nos desgastemos com uma filosofia ruim". A Constituição *Gaudium et spes* do Concílio Vaticano II afirma a este propósito:

> Perante a evolução atual do mundo, cada dia são mais numerosos os que põem ou sentem com nova acuidade as questões fundamentais: Que é o homem? Qual o sentido da dor, do mal e da morte, que, apesar do enorme progresso alcançado, continuam a existir? Para que servem essas vitórias, ganhas a tão grande preço? Que pode o homem dar à sociedade, que pode dela esperar? Que haverá depois desta vida terrena?[1]

Ateísmo e "neoateísmo"

O ateísmo afirma que Deus não existe. Até aqui, nenhuma novidade. Basta lembrar o salmo dravídico que há três mil anos proclama: "Dizem os insensatos em seu coração 'não há Deus'" (Sl 14,1). As estatísticas mais recentes atestam um aumento vertiginoso de "convertidos" ao ateísmo. Por que sempre mais pessoas se declaram ateias? O ateísmo é verdadeiramente a atitude mais lógica, como afirmam os ateus? Por que livros do tipo *O gene egoísta* ou *Deus, um delírio*, de Richard Dawkins, ou *Deus não é grande*, de Christopher Hitchens, figuram nas listas dos *best-sellers*?

Bento XVI, na sua carta ao matemático ateu Piergiorgio Odifreddi, afirmou que a teoria "memética" de Richard Dawkins é simplesmente uma proposta de ciência fantástica, digna de uma ficção científica. Nas suas obras, Dawkins sustenta, de fato, que exatamente como os genes transmitem, na procriação, a informação biológica, assim as "cópias", os "memes", transmitem por imitação a informação cultural. As ideias e as opiniões passariam, portanto, de mente a mente como "cópias", como "memes" invisíveis. Não basta, porém. Dawkins utiliza teoria semelhante para criticar a religião, desde o momento

---

[1] Constituição Pastoral *Gaudium et spes*, n. 10.

em que, na opinião dele, as crenças religiosas não seriam outra coisa senão um "vírus" que infecta um doente.

O doutor Michael Blume, famoso biólogo evolutivo e teólogo, confirmou recentemente, do seu lado, que "a afirmação de Bento XVI é absolutamente pertinente": nem as "cópias", os "memes", puderam ser definidas, não obstante as numerosas tentativas empreendidas a respeito, nem é possível sustentar que algum tipo de estudo sério os tenha verificado do ponto de vista científico empírico. Pelo contrário, enquanto todos os "meméticos" já abandonaram, desde 2010, semelhante teoria, até hoje apenas Richard Dawkins não se pronunciou ainda acerca do seu fracasso científico.

Como explicar este fato? É preciso não esquecer que a justificação oferecida pelo ateísmo moderno acerca do processo de descristianização da civilização europeia e norte-americana, que começou no século XVII, e a sua consequente proposta de um estilo de vida hedonista, caracterizado pelo útil e pelo lucro, pretende realizar-se através de formas, que de científicas têm apenas a camada externa.

O chamado "neoateísmo" não oferece, para falar a verdade, nenhum tipo de novo fundamento que não seja possível encontrar claramente formulado já em David Hume e em todos aqueles que desde então pertenceram ou pertencem à fileira dos empiristas e dos materialistas. Há simplesmente o esforço, no horizonte da teoria evolucionista e da neurofisiologia, de estender a abordagem típica das ciências naturais, de maneira que a astrofísica, a biologia e pesquisas sobre o cérebro determinem uma visão do mundo científica e, como se pretende, objetiva, sem perceber que a partir disso não será mais concedido ao homem ser "pessoa", quer dizer, sujeito responsável por seus atos e em condições de manter uma relação pessoal com Deus.

Semelhante visão pseudocientífica do mundo espalhada pelo neoateísmo é exaltada hoje em dia como programa de opinião a impor à humanidade inteira. Levada ao extremo, uma teoria assim defende que, se alguém crê na existência de um deus pessoal, não deveria ser concedido a essa pessoa o direito de existência nem no mundo da cultura, por ter eventualmente contraído um "vírus divino" e por isso precisar ser posta de quarentena, nem tampouco de cidadania no próprio mundo natural dos homens, pelo fato de ser julgada como um parasita social.

O caráter intolerante e desumano do neoateísmo fica por demais evidente se considerarmos o ateísmo político assim como foi historicamente planejado pelo nacional-socialismo na Alemanha ou pelo programa estalinista de extinção da Igreja, como é realizado na ex-União Soviética. O chamado "ateísmo científico" pretende sempre se impor, de fato, como visão global do mundo e, por suas características intrínsecas, como programa político-totalitário de absoluta desumanidade.

No início da época moderna se coloca a oposição entre empirismo e racionalismo e, com isso, a tentativa de resolver o dualismo em favor de um dos dois modos de acesso à realidade. Pode o pensamento apropriar-se do mundo material? Ou, pelo contrário, a razão é uma simples função do processo evolutivo? O homem, como sujeito pensante, é apenas parte de um momento de diferenciação da matéria, submetido à lei da seleção natural como qualquer outro produto, sem substância, parte de uma totalidade integral que abrange tudo?

Robert Spaemann sintetizou bem o conceito de *modernidade* nas suas repercussões negativas sobre o homem como pessoa, como ser dotado de capacidades morais e intelectuais próprias: "A visão científica do mundo subtrai o *eu* e o *tu* da vida breve do indivíduo, da sua complexidade e do seu significado, por ser a representação única do incondicionado, para vantagem de um desenvolvimento coletivo, que vale em si mesmo como único portador verdadeiro de sentido".[2] A abordagem típica da modernidade tem a sua raiz no empirismo de David Hume, segundo o qual "nunca podemos ir além de nós

---

[2] R. Spaemann. *Schritte über uns hinaus. Gesammelte Reden und Aufsätze I*. Stuttgart, Klett-Cotta, 2010, p. 14.

Pobre para os pobres

mesmos".[3] É preciso sublinhar que semelhante visão reducionista não leva em conta a evidente capacidade do intelecto de ir "além" com respeito ao que aparece imediatamente.

As descobertas da recente pesquisa de tipo evolucionista e da neurobiologia pouco se ocupam com a estrutura essencial do homem como ser dotado de natureza corpóreo/espiritual e de inclinação para o conhecimento da verdade e do bem e, portanto, para a plena realização pessoal. Tais pesquisas se limitam a considerar as condições materiais da razão e dos atos de vontade do homem, do ponto de vista de uma interpretação pseudocientífica que vem sobrepor-se a uma filosofia caracterizada pelo materialismo monístico. Dada a sua tendência a se converter num monismo de tipo idealista, o verdadeiro projeto da modernidade, com o seu inegável valor humanizante, poderá alcançar a sua meta apenas no momento em que superar o pressuposto do empirismo e dos seus derivados do materialismo, do positivismo e do racionalismo.

"Senhor, o que é o homem para que te ocupes com ele?" (Sl 8,5-6)

Se quisermos definir o homem na sua plenitude, não podemos limitar-nos a considerá-lo como mero objeto de pesquisas realizadas sobre a natureza, a história, a cultura e a moral, enquanto ele permanece sempre aquele que está em condições de ter um conhecimento reflexivo sobre si mesmo. O homem, como ser colocado no espaço e no tempo, não pode renunciar à mediação sensível do contexto material e sociológico, que sustenta as condições materiais da sua existência. No entanto, para garantir seja o projeto da liberdade do indivíduo diante da coletividade, seja a consciência pessoal com respeito à lei meramente positiva, seja a dignidade inalienável de todo ser humano com respeito à instrumentalização de interesses de grupo

---

[3] Cf. id. *Schritte über uns hinaus. Gesammelte Reden und Aufsätze II*. Stuttgart, Klett-Cotta, 2011, p. 9.

II. "Do Deus dos mortos ao Deus dos vivos"

(classe, povo, capital etc.), são indispensáveis uma *metafísica do real* e uma *antropologia da transcendência* do homem, que o ponham em relação com a fonte da criação.

Uma metafísica do ser e do conhecimento de Deus, no sentido elaborado específico da teologia filosófica, não é de interesse meramente histórico, mas condição de possibilidade para que o projeto da modernidade não naufrague na dialética estéril do iluminismo. Não sem motivo, o diálogo com a razão humana foi mais importante do que o diálogo com as religiões, tanto no início do cristianismo como em nossos dias. Só assim se acaba ganhando um acesso integral à realidade e, consequentemente, a possibilidade de elaborar uma teologia natural efetiva.

Não se trata de voltar a uma forma passada de metafísica diante da proposta que as ciências naturais e a reflexão filosófica, proveniente da modernidade, oferecem da realidade mundana, nem de mostrar a racionalidade da nossa abordagem, menos ainda de justificar os conteúdos da Revelação sobrenatural de Deus em Jesus Cristo. Trata-se antes de partir da experiência do mundo real, com a intenção de chegar a uma autocompreensão reflexa, que o ser "espírito" torna possível ao homem, e a um conhecimento de Deus, não como é em si mesmo, mas enquanto o mundo se põe em relação com ele, como origem e término de todo ser finito, inclusive o homem. O homem reconhece a si mesmo como pessoa apenas à luz de tal orientação transcendente. Quando o homem busca a verdade e tende para o bem, então encontra a paz em Deus.

O discurso sobre Deus não pode, portanto, começar do seu puro ser-em-si, como se pudéssemos abstrair Deus do mundo existente. Se a razão finita e criatural começa sempre pela experiência do mundo já existente, a afirmação de "Deus" significa aqui o ponto de proveniência do ser e do espírito, sem que se reduza a uma espécie de objeto mundano conhecido apenas de modo acessório. Enquanto princípio (de conhecimento), o homem é constitutivamente determinado como espírito exatamente pela inevitável e ineludível referência a

Deus. *A posteriori*, deve tomar consciência de tal momento apriorístico e transcendente da sua própria realização: só assim Deus aparece como o horizonte não limitável para o qual nos movemos e do qual sabemos que derivamos num sentido absoluto, sem que se converta em objetivo categorial. O espírito se transcende intencionalmente apenas se direcionar-se para o infinito, apenas se reconhecer-se constituído na sua intencionalidade pelo absoluto extramundano de Deus. Ele se percebe em última análise apenas mediante a *realidade* do Deus transcendente.

Dito com palavras de São João da Cruz: "Quando tu me miravas / sua graça em mim teus olhos imprimiam / já podes mirar-me agora / pois desde que me olhaste / graça e formosura em mim deixaste".[4]

Nós concebemos o conceito de "Deus" como a condição real do nosso ser espiritual no mundo e, portanto, também como a condição da nossa realidade finita. Enquanto Deus é a própria essência mediante a posse absoluta do ser, o mundo é realidade finita mediante a recepção do ser sob forma de participação. O mundo participa do ser de Deus, enquanto existe por vontade de Deus, precisamente na forma da finitude. Ao contrário, Deus existe por si mesmo, em si mesmo, em virtude de si mesmo e por realidade sua própria.[5] Ele é *ipsum esse per se subsistens*.[6]

A natureza espiritual do homem, por sua vez, é o princípio que torna finito e concreto o modo da sua participação no ser espiritual de Deus. Deus, como Espírito, é, pelo contrário, confiado diretamente a si mesmo e pode diretamente dispor de si, do seu ser espiritual. Isso significa que o espírito faz constitutivamente parte da própria estrutura da origem do ser. Essa relação com Deus, mesmo aonde

---

[4] João da Cruz, *Cântico espiritual*, 32-33.
[5] Cf. Ef 4,6.
[6] Cf. Tomas de Aquino. *Summa theologiae*, I pars, q. 44, art. 1.

II. "Do Deus dos mortos ao Deus dos vivos"

ela não chega a colocar-se de modo temático, constitui a existência-em-si, o pressuposto e a condição daquilo que chamamos de "ser pessoal".

A ação criadora de Deus é a permanente inserção do mundo em Deus e a sua realização mediante Deus. Por isso não existe nenhuma contradição entre a afirmação da criação através do *Logos* e o apoio que o *Logos* criador oferece a todas as coisas no processo da sua evolução. No homem, a história natural do ser trespassa a história do espírito, e o homem só pode por isso conceber-se como recepção espiritual perfeita do ser real por parte da sua essência, na qual ele existe como pessoa, ou seja, no modo do ser-em-si-mesmo. A transcendência da pessoa criada em direção da participação na realidade espiritual de Deus se torna possível porque a criação é, implicitamente, automanifestação do ser e da bondade de Deus. A criação do ser e do espírito finito indica a abertura para um horizonte ilimitado por uma manifestação explícita de Deus na sua palavra. Ou, dito de outra forma, o Criador do mundo, da natureza e do homem vem ao encontro do homem de maneira pessoal como a realização da autotranscendência, o que determina o espírito criado, atraído pelo Espírito incriado.

O ato único, atemporal e indivisível da criação coincide, excluindo as coisas criadas, com a atualidade de Deus. Na medida em que a atualidade infinita do ser é realizada de modo finito nas coisas criadas, estas não fazem adequadamente parte da autoiluminação divina; mas, na medida em que participam no ser de Deus, são meios criaturais com os quais chegamos a conhecer e amar a Deus. O conhecimento e o amor de Deus se manifestam do modo mais profundo como participação criatural no autoconhecimento de Deus. Por isso, a realização criatural de um espírito criado não é outra coisa senão um *acontecimento*, no qual o próprio Deus se dá a conhecer e ao amor. Assim, lemos em Romanos 1,19-20: "Com efeito, o que se pode conhecer de Deus está claro para eles, pois o próprio Deus lhes revelou. De fato, desde a criação do mundo, o invisível de Deus – o eterno poder e a divindade – torna-se visível à inteligência através de suas obras". E em Atos 17,26-28:

> De um só fez nascer todo o gênero humano, para povoar toda a face da terra. Estabeleceu para os povos os tempos e os limites da sua habitação, tudo para que procurem a Deus e se esforcem por encontrá-lo mesmo às apalpadelas. Pois não está longe de nenhum de nós. É nele que vivemos, nos movemos e existimos.

Concretamente, o homem não existe numa espécie de efetividade abstrata da existência, mas sempre na sua realização concreta como de um movimento dinâmico que tende a completar-se no outro. Por isso chamamos de "natureza" a separação abstrata da simples constituição (*perfectio formae*) com respeito à sua efetiva realização (*operatio in perfectionem finis*). Mas enquanto essa natureza se caracteriza como movimento para a presença de Deus e a realização da sua obra, falamos de *graça*. Se o homem, na sua realização como liberdade e espírito, se afasta de Deus, perde a graça e cai na culpa (*defectus gratiae*). Diante do pecado e no afastamento de Deus, a presença salvífica permanente de Deus assume no homem o caráter de *redenção*. A atualidade criadora de Deus, pela qual a criatura existe, se revela assim como perdão e reconciliação. No seu Redentor, o pecador encontra o seu Criador.

A presença originária da graça de Deus na criação, na sua realização e no meio das realidades criaturais, se torna de novo acessível sob forma de *graça de Jesus Cristo*. No Verbo eterno encarnado de Deus e no Espírito Santo de Deus derramado nos corações, os justificados participam da autorrevelação do Deus Uno e Trino, e assim, nesta história de salvação, se tornam presentes no mundo. A atividade criadora de Deus na Palavra, que chega a nós em forma de redenção, assume diretamente em Jesus uma realidade criatural. Em Jesus, o pecador encontra um meio criatural feito totalmente seu por Deus, um meio que o coloca diretamente em contato com o Criador como Deus Redentor. Desse modo, Jesus vem a ser o cumprimento, a redenção e o fundamento que recriam a natureza espiritual e a sua

II. "Do Deus dos mortos ao Deus dos vivos"

autotranscendência criaturalmente mediada rumo à proximidade imediata de Deus.

A transcendência e a imanência de Deus estão entre elas numa relação inversamente proporcional. Só porque Deus é absolutamente transcendente com respeito ao mundo, pode também ser imanente nele de modo insuperável. A conservação do mundo (*creatio continua*) não é, portanto, concebida como uma série de atos criadores singulares, mas consiste na presença atemporal e indivisível da atualidade criadora dentro da existência e do movimento do mundo. Deus é a *causa prima* incriada e universal, que não anula as *causae secundae* criaturais de forma, matéria, causalidade e finalidade, mas as torna capazes de atuar autonomamente como apenas ele está em condições de fazer. A "intervenção" de Deus no mundo nunca pode significar uma suspensão da causalidade criatural. Mas Deus pode fazer da causalidade criatural a causa instrumental da sua vontade salvadora específica em relação ao homem, àquele homem que possui a liberdade como forma concreta da sua existência. O homem, portanto, não só tem, mas antes *é* espírito e liberdade, embora apenas de modo finito. Os atos de autorrevelação de Deus no seu falar e agir para a salvação do homem se realizam no mundo, mas não através da causalidade criada. Ao contrário, são conhecidos pelo homem através da Palavra e do Espírito divino.

Visto que o Deus transcendente move tudo precisamente segundo a natureza criada de cada ser finito, move também o homem de conformidade com a sua natureza espiritual livre. A predestinação não elimina a liberdade, mas habilita a fazer da vontade salvífica universal, mediante a sua aceitação na fé, o princípio do automovimento do espírito em direção do fim prometido.

A relação entre a produção absoluta do homem, a sua liberdade ativada por Deus e o automovimento espiritual do homem, que constitui a sua liberdade, poderia ser expressa assim: Deus não exerce nenhuma influência *fisicamente mensurável* sobre a liberdade criada, mas vai a seu encontro antes como *motivo* (*movens*) do seu agir.

Quando Deus vem livremente ao meu encontro na palavra divina que o manifesta, atualiza-se sempre como consumação da minha liberdade: Deus e a sua liberdade permitem que o movimento dinâmico da liberdade criatural se realize plenamente além dos seus limites criaturais. O homem, para quem Deus se tornou o *motivo* da sua ação e da sua autoprojeção no mundo, sabe ser – para dizer em termos bíblicos – uma espécie de "argila nas mãos do criador que o plasma". Por conseguinte, diz e confessa que Deus opera nele o querer e o fazer.[7] Ao mesmo tempo, porém, não se vê exautorado ou privado da sua liberdade e personalidade. Pelo contrário, experimenta-se antes como habilitado a atuar a sua liberdade. E enquanto atua, sabe que apenas graças à autodoação de Deus como cumprimento da sua liberdade está habilitado a agir com vistas a seu próprio fim. A atuação se move para o seu fim apenas pela presença direta do próprio fim: a liberdade é habilitada pela graça a acolher, a atuar a si mesmo, a sua aceitação por parte de Deus. Na graça, Deus se revela como a fonte eterna da liberdade criada e como o seu horizonte eterno sob a forma de amor. A forma da liberdade humana, portanto, não se realiza em oposição a Deus, como desejaria o ateísmo, mas só na base da perfeita liberdade espiritual de Deus. Se Deus é exaltado, consequentemente também o homem é exaltado. A salvação do homem só pode chegar por Deus, que oferece livremente a sua graça ao homem.

São Paulo escreve: "Pois é pela graça que fostes salvos mediante a fé. Não é de vós mesmos que vem a fé. É dom de Deus. Não provém das obras para que ninguém se orgulhe. Somos obras de Deus, criados em Cristo Jesus, em vista das boas obras que Deus de antemão preparou para que nós as praticássemos".[8]

Nesse sentido, o Concílio Vaticano II ensina:

---

[7] Cf. Fl 2,13.
[8] Ef 2,8-10.

II. "Do Deus dos mortos ao Deus dos vivos"

> A Igreja acredita que Jesus Cristo, morto e ressuscitado por todos (cf. 2Cor 5,15), oferece aos homens pelo seu Espírito a luz e a força para poderem corresponder à sua altíssima vocação; e não foi dado aos homens sob o céu outro nome, no qual devam ser salvos (At 4,12). Acredita também que a chave, o centro e o fim de toda a história humana se encontra no seu Senhor e Mestre.[9]

Aqueles que negam o caráter metafísico da teologia natural e, portanto, negam a possibilidade do conhecimento de Deus por meio da Revelação, tendem frequentemente a cair em várias formas de pessimismo, muitas vezes de caráter niilista ou cínico. A visão da Igreja, porém, atinge aquela plenitude que, por graça de Jesus Cristo, todos recebemos.[10] Se só Cristo é "a videira verdadeira" (Jo 15,1), que oferece "o vinho bom" (Jo 2,10) necessário para a vida eterna, podemos então concluir que apenas a Igreja é a verdadeira promotora da "modernidade", dado que só a abertura para Deus, futuro do homem, torna autenticamente possível para todos aquela esperança que exatamente ela nunca cessa de proclamar.

---

[9] Constituição Pastoral *Gaudium et spes*, n. 10.
[10] Cf. Jo 1,16.

III. Desafios para a teologia no horizonte contemporâneo

Mundus reconciliatus, mundum reconcilians

Todos nós que temos trabalhado ou trabalhamos, com diferente medida e título, no âmbito de instituições "teológicas", sentimos na "pele" uma dupla tensão. Por um lado, pertencemos a um âmbito acadêmico ou de pesquisa que nasce dentro do *milieu ecclesiale* e pretende, antes de tudo, servir a esse lugar. Por outro lado, somos, ao mesmo tempo, também cidadãos deste mundo, ou seja, de um âmbito humano do qual somos "devedores" exatamente porque cidadãos *in Ecclesia*, quer dizer, exatamente por causa da natureza eclesial daquele âmbito em que, e a partir do qual, o nosso pensamento e a nossa reflexão são construtivamente chamados a nascer e a se desenvolver.

III. Desafios para a teologia no horizonte contemporâneo

De fato, a Igreja é tanto *mundus reconciliatus*[1] como *mundus reconcilians mundum*.[2] É, aliás, a condição "paradoxal"' em que se encontra todo "cidadão" cristão, condição própria do *christifidelis* de sempre, como nos lembra também a Carta a Diogneto: "Os cristãos nem por razão, nem por voz, nem por costume hão de se distinguir dos outros homens" – no entanto – "vivendo em cidades gregas e bárbaras, como coube a cada um, e se adequando aos costumes do lugar, na roupa e na comida... testemunham uma condição admirável e realmente paradoxal da sua cidadania".[3]

A Igreja vive simultaneamente duas dimensões, pertence ao tempo e ao espaço da reconciliação com Deus já ocorrida e àqueles nos quais tal reconciliação ainda não ocorreu. Provém daí uma tensão dupla: a tensão a descobrir como Deus já reconciliou consigo a humanidade que vive na Igreja, e a tensão a reconhecer como essa reconciliação é hoje oferecida ao humano que vive em nossa volta. O nosso trabalho de estudiosos da teologia é chamado a colocar-nos entre estas duas tensões.

Graças ao movimento que nasce da primeira tensão, a teologia ilumina o divino e o humano em todo o seu alcance, para oferecer a eles – e aqui já estamos no movimento que brota da segunda tensão – com humilde força testemunhal ao mundo. Trata-se de dois movimentos implicados um no outro, não consecutivos, mas, em certo sentido, contemporâneos, embora conservem certa *taxis* ou hierarquia. A teologia é fiel a si mesma quando respeita e desenvolve todo o alcance e amplidão desses dois movimentos, cuja direção obtém da Revelação de Deus para alargar os horizontes do humano.

Qual é o contexto humano e cultural no qual esse dúplice movimento se desenrola hoje? Não quero deter-me tanto em passar pontualmente em revista – com o chamado rigor "acadêmico" – os

---

[1] Agostinho de Hipona. *Sermo* 96, 8.
[2] Paulo VI. Exortação apostólica *Paterna cum benevolentia*, 8 de dezembro de 1974.
[3] Carta a Diogneto, V, 1.4.

Pobre para os pobres

nomes e as correntes de pensamento que mais o caracterizam, quanto lembrar – se mo permitem – de forma um pouco braquilógica, as maiores instâncias que marcam, tanto positiva como negativamente, tanto como possibilidade como perigo, a nossa contemporaneidade. São apenas indicações que não pretendem definir, mas apenas abrir caminhos para uma compreensão mais ágil, e que gostariam de estimular um diálogo para aprofundar. Antes de tudo, para aprofundar aquelas perspectivas que hoje se abrem à fé, a qual reconhece os dons recebidos – e pelos quais é responsável – para contribuir para a edificação das gerações entre as quais nos encontramos e que nos são confiadas.

Discernimento, história, esperança

São três os traços que – em grandes linhas, entre os muitos que o conotam – marcam de modo particular o homem ocidental contemporâneo.

1) O homem contemporâneo que vive na chamada "sociedade ocidental", dado que está inserido num mundo sempre mais "global" e rico em comunicações, é solicitado, como nunca ocorreu nas gerações precedentes, por uma multiplicada vizinhança dos seus semelhantes. Cada um de nós compreende que imensa possibilidade isso representa. No entanto, de fato, constatamos, ao mesmo tempo, que hoje o homem vive uma proximidade sempre mais ocasional, por causa da sua incapacidade/recusa de estabelecer vínculos sólidos, e tende a se perfilar sempre mais como um sujeito autorreferencial, que se autoidentifica e se autorrealiza.

Essa ausência de vínculos estáveis o torna sempre mais frágil e entregue a contextos nos quais se move, sempre menos capaz de discernir criticamente o que convém ou o que não convém à dignidade do seu próprio ser humano, sempre mais impelido a sondar cada possibilidade útil que se lhe apresenta. Hoje o homem não é mais capaz de formas de discernimento que ultrapassem o curto alcance do útil e do imediato. Não reconhece mais o que corresponde ou o que repele as peculiaridades que o tornam verdadeiramente homem.

Compreendemos, portanto, que, nessa perspectiva, se adelgaça sempre mais também a espessura da cultura produzida por ele, a qual é tanto mais poderosa nos instrumentos e na técnica da comunicação quanto pobre, sob o perfil humano, em conteúdos veiculados. Uma cultura na qual o que parece significativo não ultrapassa os limites do *short term* e do *low cost*. Metáfora eficaz disso é a velocidade com que os meios de comunicação transmitem hoje as notícias e as imagens, num vórtice de comunicação. Tanto mais se comunica, quanto mais se multiplica a quantidade de dados comunicados, tanto menos se entra em real comunicação com o outro. E a qualidade da comunicação acaba reduzindo-se a um assunto de técnica, de *bites* e dos *pixel*. Tudo se desenvolve e se refina em torno de coordenadas de procedimentos padronizados – ou de protocolos – que sempre mais se apressam em garantir apenas a forma das relações. "Tanto mais" e "tanto menos" são a cantilena com a qual podemos, muitas vezes, definir a incidência recíproca de tecnicidade e retrocesso de humanidade. Como novo Narciso, o homem, quanto mais se espelha na imagem de si que autoproduz, tanto mais se orgulha das obras das suas mãos, tanto menos encontra o seu rosto, acabando por ver afogado, nas suas próprias imagens, o que pertence indelevelmente a seu *humanum*.

2) Em segundo lugar, o cidadão médio da época pós-moderna, exatamente porque aquilatado sobre relações frágeis e sempre menos portador de significado, custa a perceber o seu ser inserido numa "história". Quanto mais o horizonte do homem se esvazia de significados expressivos, tanto menos é capaz de captar o tempo como ocasião propícia, como *kairos*, como história. Quanto mais se esvaziam não só as ligações horizontais da sua proximidade, mas também as verticais com as gerações precedentes e com as que se seguem – este é o fruto amargo que provém da dissolução da família como lugar de

geração de laços sólidos e indissolúveis –, tanto menos ele se apercebe estar inserido numa história.

A significância do tempo diz "identidade" e "vínculo", os quais, por sua vez, entrelaçam o transcorrer dos dias em eventos e acontecimentos, tornando-o "história", ou seja, construção de histórias pessoais e particulares como da história universal e global. E quanto mais o tempo que passa é percebido como sucessão de acontecimentos significativos para o homem, tanto mais a sua liberdade se sente interpelada e provocada pelos dias que passam, os quais não transcorrem inevitavelmente ou em vão.

Ao contrário, a ausência de uma "história" produz como consequência também uma desvalorização do peso específico da liberdade humana, esse poderoso instrumento que nos é dado como possibilidade de incidir sobre o nosso destino e o do mundo. Pensemos, no tocante a isso, na desconfiança que tantos jovens hoje têm de poder mudar o mundo em que vivem; como homens, são dotados pela sua natureza própria de um instrumento poderoso como é a liberdade, contudo, como não foram educados para reconhecer o seu alcance e a praticá-la no seu justo sentido, são céticos sobre as suas potencialidades.

3) Os dois traços precedentes, recordados por mim anteriormente com um esboço veloz, introduzem também outro caractere que assinala hoje a maior parte dos nossos contemporâneos. Esse é um elemento para o qual chama a nossa atenção também o Papa Francisco: é uma dificuldade de olhar para o futuro com confiança, com esperança, sabendo conservar no coração "os ideais da juventude" – diria o Papa João XXIII. Na medida em que se afrouxam ou amortecem relações significativas no presente, também as outras duas dimensões do tempo perdem espessura e se levantam uma contra a outra, rompendo a vida do homem com uma "insustentável leveza do ser": o passado se torna uma série de antecedentes que tendem a influenciá-lo determinística e mecanicamente, enquanto o futuro se encurta e circunda-se de escuridão.

III. Desafios para a teologia no horizonte contemporâneo

Por isso é difícil "esperar", ter confiança na própria possibilidade de que mudanças "positivas" aconteçam e possam ser realizadas. Atrás de nós há enormes engrenagens das quais não conseguimos nos desvincular e, diante de nós, há o escuro da incerteza. Porque só onde a liberdade humana se adensa de relações significativas – com razão, faz anos, o seu arcebispo repete que não é mais lícito falar de sujeito humano a não ser como de um "eu-em-relação" – e se torna capaz de discernir na história do seu agir o que é bom e o que é mau, então é praticável a esperança, então é possível alimentar uma esperança "confiável" – como muitas vezes nos recordou Bento XVI. Só então é possível agir olhando também no longo prazo, pensar racionalmente num desenvolvimento deveras "sustentável" e fazer sacrifícios que não visem apenas a lucros imediatos.

Discernimento, história e *esperança* são a primeira e elementar contribuição que a fé – antes de tudo através da práxis de uma vida que a testemunha e, portanto, também através da reflexão de uma teologia que acentua pontualmente os seus traços essenciais – é chamada a oferecer ao mundo, para reerguer uma humanidade sempre mais pobre de laços, de sentido e de confiança.

Aqui a teologia pode dar muito ao *saeculum*, sempre mais "breve", do qual viemos e no qual ainda nos encontramos. Aqui percebemos também a importância do exercício de uma razão que seja ao mesmo tempo humilde e forte, da qual a teologia pode dar testemunho como ocasião positiva para encontrar uma orientação racional na complexidade da realidade. Não pode, de fato, haver um discernimento real sem uma razão que esteja certa de encontrar a verdade – de modo não conclusivo, nunca esgotado, nem de maneira concordista ou ideológica – apostando até o fundo na liberdade do homem e nos seus recursos, quando são sadios e elevados.

E não pode haver progresso real para o homem se não estiver certo de poder chegar a significados que excedam aqueles oferecidos pelas ciências ditas "exatas". Não podem ser liberadas energias e dinâmicas eficazes com vistas a uma mudança, se não houver a confiança para olhar com esperança para o futuro que nos aguarda. E não pode haver esperança sem certeza de encontrar o bem – também aqui com modalidades certas e ao mesmo tempo relativamente reformuláveis na frente revelada. Daqui, existencialmente, podemos perceber, quase empiricamente, quanto o laço liberdade/bem está indissoluvelmente ligado com o binômio esperança-*dynamis*: elas estão ou caem juntas.

Pensemos sobre quanto tudo isso se torna concreto sobre o fundo daquela crise que há tempos nos atenaza, uma crise antropológica antes ainda que econômica e financeira. Uma crise que exige respostas radicais, com aquela radicalidade que só uma mudança profunda do *humanum* pode obter. Uma crise que espera uma virada cultural e *noética* antes ainda que de estruturas e de costumes.

A esse respeito, exatamente a experiência do humano que nos é oferecida no contexto eclesial – onde ele é vivido autenticamente – nos mostra como toda reforma que não começar pelo *nous* do homem está destinada a colher e alimentar desilusões e ceticismo na vertente ética. Pensemos nas tantas propostas de reformas estruturais que hoje ouvimos, as quais – embora necessárias e úteis, se compreendidas na sua natureza acessória e penúltima – não conseguem nunca uma mudança decisiva, dado que se limitam à mudança das estruturas – no fundo herança de ideologias sociais já datadas e superadas pela história –, o que nunca chega aos fundamentos últimos do humano; e se a mudança não chegar aí, não acontecerá nunca.

Sociedade plural, *sensus fidei*, comunicação do saber, racionalidade ampliada

A essa altura, gostaria de deter-me brevemente também sobre outra instância hodierna, pela qual não podemos não nos sentir interpelados.

1) Antes de tudo, a chamada "sociedade plural" na qual sempre mais vivemos: uma sociedade multiétnica, multicultural,

multirreligiosa, multicontextual. Essa pluralidade de contextos e de sujeitos exige que o nosso trabalho seja expresso com uma linguagem sempre menos iniciática e autorreferencial; também isso é acentuado faz tempo e com eficaz síntese por quem nos guia. Infelizmente, muitos ambientes acadêmicos nossos têm o hábito de formular o seu saber com linguagem e códigos excessivamente enigmáticos, embora isso nem sempre seja necessário. Por um lado, há a exigência de rigor linguístico e de profundidade na expressão de conteúdos complexos, que não podem exagerar na simplificação, sob pena de empobrecimento dos conteúdos. Por outro lado, porém, há também a necessidade de saber comunicar e traduzir, sem trair, o dado teológico segundo coordenadas muito acessíveis para a cultura e os sujeitos com quem vivemos, sob pena de erguer muros de estranheza em vez de criar proximidade – coisa de que o Papa Francisco nos lembrou com força e várias vezes.

Nesse sentido, penso que um exemplo não superado e que ainda deve ser valorizado no seu alcance seja o pensamento de Bento XVI, cujo magistério é uma referência luminosa também para a maneira como soube conjugar profundidade de pensamento e simplicidade de linguagem.

A questão do "pluralismo" cultural no qual estamos mergulhados representa sem dúvida um desafio estimulante para o "dizer-se" da fé de modo compreensível também a âmbitos distantes dos nossos por conta do pano de fundo e de premissas de pensamento e de costumes. Enfrentamos com confiança essa provocação que nos obriga a andar por terrenos não fáceis com a humildade de quem sabe que deve proceder com cautela e ter de ousar ao mesmo tempo. A propósito disso, o rigor crítico da teologia deve, antes de tudo, desimpedir o campo da superficialidade de quem se deixa auxiliar pelos lugares-comuns criados pela pressão dos *media* e de mentalidades não compatíveis com os conteúdos autênticos da fé – pensemos em quanta irreflexão há no teologar acerca de temas como o sacerdócio feminino, a autoridade da Igreja, o acesso aos sacramentos por parte de quem não está em plena comunhão com a Igreja...

E, estranhamente, quantos aplausos por parte dos *media* com relação a certos teólogos e opiniões teológicas não enraizadas até o fundo nos fundamentos doutrinais da fé. Nesse sentido, em torno de certos temas, há hoje mais do que nunca o risco de um desvio sentimental da fé, também em nível de expressão teológica. *Logos* e *agape*, que são coordenadas inseparáveis do ser humano no mundo, são muitas vezes contrapostos e, frequentemente, um amor mal-entendido é utilizado para ofuscar, quando não obscurecer, a verdade.

Por isso, os justos apelos à hierarquia das verdades, à necessária pluriformidade que a própria natureza "católica" da Igreja exige, à unidade na pesquisa, sobretudo em torno dos elementos essenciais da fé, à liberdade de pensamento – entendida não como um pretexto para uma autonomia inaceitável –, não impedem que, a esse respeito, todo discurso corra o risco de ser vão, se não puser no centro uma questão prévia: a questão do *sensus fidei* e do *sensus fidelium* na *Ecclesia*.

Todos nós compreendemos que todo debate na Igreja evita a esterilidade e se torna fecundo apenas se ocorrer dentro de um autêntico senso da fé, que nunca pode ser dado por certo. Nesse sentido, todo protagonista que quiser ser tal, dentro dos debates teológicos legítimos, deve, em primeiro lugar, autenticar as suas tomadas de posição, especialmente se pretende colocar-se com acento de novidade, testemunhando antes de tudo uma substancial fidelidade à transmissão viva da fé apostólica, cujas fontes – Escritura, Tradição e Magistério – são insuperáveis e incontornáveis.

Em tal sentido, nunca como alhures, a partir daqui compreendemos que a teologia não é uma questão de indivíduos – professores, pastores, grupos de opinião –, mas, em sentido profundo e deveras teologicamente caracterizado, é questão "da Igreja", é assunto de todos e de todos os que dão testemunho de um real *sensus fidei et*

III. Desafios para a teologia no horizonte contemporâneo

Ecclesiae, dado que não há Igreja sem fé apostólica e não há fé apostólica fora dos lugares que "fazem" a Igreja.

Aqui, parecem insuperáveis e sempre atuais – dado que nelas vemos em filigrana também tudo o que já aconteceu em muitos séculos de história da Igreja – as palavras de Karl Barth:

> A teologia não é questão privada dos teólogos e dos professores. Felizmente sempre houve pastores em condição de entender mais de teologia do que a maior parte dos professores. Tampouco, porém, é questão privada dos pastores. Felizmente há fiéis individuais e, às vezes, Igrejas inteiras capazes de desempenhar a função teológica, de maneira tácita mas enérgica, ao passo que os seus pastores, do ponto de vista teológico, eram crianças ou bárbaros. A teologia é uma questão da Igreja. Sem pastores e sem professores não se vai adiante, mas o problema da teologia, a pureza do serviço eclesial, é colocado a toda a Igreja.[4]

Tudo isso coloca no centro a questão da fé, e Bento XVI nos quis lembrar exatamente isso ao inaugurar o *Ano da fé*. Por isso não pode haver pureza de serviço eclesial sem uma fé que seja íntegra nos seus conteúdos e integral na sua expressão. Não pode haver serviço eclesial fecundo quando a fé não é fiel a si mesma, quando escolhe métodos que não respeitam a sua heurística fundamental ou quando é expressa omitindo ou modificando, de qualquer modo, alguns elementos seus essenciais.

2) Nesse sentido, nunca como hoje é preciso uma renovada reflexão acerca dos contornos autênticos do *sensus fidei*, *sensus fidelium*, *sensus Ecclesiae*. Aqui a teologia pode e deve dar muito hoje. E não há quem não veja a incorreção e a miopia, a esse respeito, do emprego de técnicas de e-mail para sondar indiscriminadamente nas redes, via internet, a opinião dos outros... Bem diferentes são os *fóruns* e as *ágoras* de que a Igreja necessita hoje para reencontrar e exprimir, de modo genuíno, aquele *sensus fidei* pelo qual é, em todo tempo, revigorada e rejuvenescida.

---

[4] Karl Barth. *Iniziare dall'inizio*. Brescia, Queriniana, 1991, p. 18.

Ter substituído os lugares próprios do *sensus fidelium* pela opinião da rede revela não só um *misunderstantig* acerca do que constitui a Igreja, mas induz até a pensar que na formação eclesial se consideram, no fundo, mais eficazes algumas técnicas de pressão política do que os critérios emprestados pela própria fé. E também, diante desse perigo – de que a política conta mais do que a fé inclusive na Igreja –, a teologia tem hoje uma tarefa profética insubstituível. Trata-se de uma tarefa, hoje muito mais profética e "martirial", no sentido literal de *martyria*...

A esse respeito, olhemos também esse vasto campo de testemunho que se abre diante de nós, num tempo em que é preciso ajudar a muitos contemporâneos nossos, afligidos por um crônico mal-entendido da liberdade humana, que usa o lema do *gender* para autoafirmar-se, para acertar as contas com um substrato incontornável que pré-constitui todo homem. O conceito de "natureza", de fato, representa aquele fundamento indisponível sem o qual o homem não conseguiria mais fixar, além dos fracos e volúveis contornos das maiorias de todo tempo, os limites não negociáveis da sua dignidade e identidade e, portanto, dos seus direitos e deveres. Uma dignidade e identidade que são "dadas" ao homem, que o homem é chamado antes a reconhecer e depois a realizar, e que ninguém pode autofabricar-se, sob pena de perda daquelas identidades e dignidades e de um mal-entendido daqueles direitos e deveres; o que exatamente hoje já aconteceu e acontece. Também aqui esperamos da reflexão teológica uma contribuição insubstituível e que hoje exige também uma coragem profética diante das contínuas tentativas de manipular a natureza, a identidade e a vida humana.

Aliás, somente se o homem conseguir descobrir fundamentos indisponíveis e incondicionados para se colocar no mundo, pode conseguir criar um dique para o deus *lucro* que parece dominar tudo e atrair todos, pondo de lado toda forma de saber que não esteja em função dele. Há, de fato, quem tenha denunciado o perigo de no futuro imediato se assistir à "produção" – não se fala tampouco de

III. Desafios para a teologia no horizonte contemporâneo

"formação", mas isto é um ponto ao qual voltarei a seguir – de gerações de homens que apenas com grave dificuldade estarão em condição de discernir o que é humano e digno do homem e o que não é.[5]

Nesse sentido, ninguém como a Doutrina Social eclesial pode ajudar o direito e a economia a reconhecer o laço original entre lucro e solidariedade, que o pecado tende a romper e que uma visão recuperada da unidade indivisível entre bem pessoal e comum permite recompor. Bem comum e pessoal que, na ótica exigente e responsabilizadora da subsidiariedade, são chamados a realizar em sinergia para salvaguardar a dignidade e a resistência do tecido social. Estas são apenas chamadas que, de maneira poética, me permitem reformular, para tentar abrir perspectivas úteis para o tema que me confiaram.

3) Há outra questão que quero submeter à sua atenção. Quero partir de uma simples constatação: nunca como na modernidade sublinhou-se a importância e chamou-se a atenção para o "sujeito", para a sua liberdade, para a sua autonomia, para o seu peso no interior da gnosiologia... No entanto, na pós-modernidade assistimos a quê? A uma espécie de obscurecimento do sujeito em prejuízo de uma ênfase posta sobre os produtos das suas mãos: o próprio homem é coisificado, tornou-se um objeto e um produto do seu agir. Até o saber perdeu o seu caráter profundamente "pessoal", ou seja, a sua conotação de comunicação entre pessoas, para se tornar uma espécie de veiculação coisificada de dados.

Assim hoje, no mundo acadêmico e científico, se fala de "produção do saber". Inclusive se pensa que a ciência pode ser objetivada de tal maneira que seja quase um produto a se trocar entre os sujeitos independentemente do seu próprio ser. No entanto, não é o que realmente acontece quando um saber é transmitido. De fato, toda produção e transmissão de saber não é mera comunicação de dados, visto que é também e inseparavelmente, queiramos e admitamos ou não, uma comunicação axiológica, de valores, de visão do homem e

---

[5] Cf. N. Nussbaum. *Non per profitto*. Bologna, Il Mulino, 2012, p. 22.

93

do mundo. Aliás, esta última é uma comunicação que não acontece sem consequências e não deixa indiferentes nem quem comunica nem aqueles a quem se comunica.

Pensemos em quanto isso, se for assumido como um dado com o qual ajustar deveras as contas, está cheio de implicações, especialmente do ponto de vista educativo. Significa, por exemplo, que não existe forma de ensinamento que não seja, ao mesmo tempo, também formação. Um ensinamento, que pretenda ser isento de exigências formativas, mente ou, pelo menos, ignora o que acontece no fenômeno tão humano da comunicação do saber. Esta realidade é explicitada e assumida responsavelmente até o fundo. Concretamente, isso significa que todo docente deve assumir com plena responsabilidade aquele processo com o qual, ao transmitir um conhecimento, comunica também um horizonte de valores a seus alunos. Esse fato significa que todo docente, também e especialmente no âmbito acadêmico – ao contrário da praxe comum e embora represente uma tarefa de responsabilidade em todos os sentidos –, não pode desinteressar-se pela formação dos seus alunos ou considerar o seu ensino estranho a ela. Por isso não se pode comunicar bem se, no fundo, a gente não se encarrega daqueles a quem se comunica, ou seja, se não se "ama" os destinatários da nossa mensagem. A seguir, o Papa Francisco nos dá testemunho disso com a sua própria pessoa e ação.

Nesse sentido, também nesse nível, se percebe em redor de nós um extravio dos fundamentos que constituem o humano. O homem hoje sabe muitas coisas sobre os mecanismos biológicos, psicológicos e sociológicos da sua comunicação, mas – tendo perdido os "contornos" da identidade do seu "eu" – perdeu a consciência do que acontece profundamente quando um "eu" se comunica com outro "eu". Dado que a racionalidade do *Logos* é esnobada como subcientífica, perdeu-se o valor cultural intrínseco da comunicação humana. Aqui, também, uma razão iluminada pela fé é chamada a alargar os horizontes da racionalidade dos nossos contemporâneos.

III. Desafios para a teologia no horizonte contemporâneo

4) Por isso, penso que o apelo formulado por Bento XVI visando a "alargar os limites da racionalidade" ainda deva ser recolhido, sondado e relançado. Sofremos ainda as consequências da gnosiologia e da "nova ciência" modernas, as quais reduziram – em boa substância, a partir de Galileu e Descartes – a razão às suas faculdades analíticas, comprometendo assim também a sua inata abertura ao transcendente. Sem essa abertura, porém, o homem perde também o sentido da sua profunda dignidade e vocação – como nos recorda o Concílio Vaticano II (cf. *Gaudium et spes*, n. 21) –, excluindo-se a possibilidade de conhecer o seu destino eterno. Aliás, sem acolher tal abertura como elemento essencial e imprescindível da sua razão, o homem se torna estranho também às dimensões e às razões que conotam indelevelmente o seu coração – Beleza, Verdade, Justiça – e que constituem a força propulsora última do seu agir. Sem compreender tais dimensões, nunca se compreenderá o homem no alcance do seu próprio ser e atuar no mundo. Aqui a teologia tem ainda muito a dizer e a oferecer ao pensamento contemporâneo.

Exatamente a partir daqui, de fato, a Igreja pode revelar de maneira eficaz ao homem como o dom daquele que ela é portadora – a vida nova revelada e oferecida por Deus em Cristo e no seu Espírito – não limita o homem e não estraga a sua alegria de viver, mas amplia sem fim os seus horizontes e lhes abre a perspectiva de uma definitividade, de um "para sempre", sem o que todo ganho humano é ilusório e falaz.

Estas são apenas algumas ideias que gostaria de oferecer à vossa reflexão e sobre as quais seria interessante iniciar um debate. Também outras instâncias do pensamento e do *ethos* contemporâneo interpelam a nossa fé, provocando-a a uma contribuição que seja rigorosamente crítica e dialogante. Aqui pretendo apenas abrir os espaços e oferecer um parecer convicto, na esperança de oferecer uma pequena contribuição. E permito-me fazê-lo exatamente em nome daquela *"cidadania paradoxal"* na qual estamos colocados pela nossa peculiar identidade de batizados, de *christi-fideles*, de homens aos quais, embora vivendo na condição de todos, é dado viver "pela fé do

Filho de Deus" (cf. Gl 2,20) que diariamente nos interpela, se oferece a nós como dom e nos envia aos nossos contemporâneos.

O "paradoxo" dessa cidadania é um traço indelével do nosso colocar-nos no mundo e cria um movimento no qual as diferenças não anulam as identidades, mas as colocam de novo continuamente em jogo, a fim de que sejam purificadas e recompostas num abraço "católico", que encurta distâncias, gera proximidade real e sabe identificar caminhos para a unidade que nunca está na baixa ou é barato. Exatamente neste nível nos é dado captar o nexo indivisível entre fé e verdade, um nexo que somos chamados a evidenciar em todo momento de nosso trabalho de "teólogos". Onde a fé é vivida na sua plenitude, ilumina sempre o mundo com a luz da verdade.

Peregrinação na verdade, não jogo intelectual.

Por isso, permitam-me concluir fazendo minhas algumas palavras de Bento XVI, que acho importantes e decisivas para o nosso trabalho de teólogos:

> A ideia de verdade e de intolerância estão hoje quase completamente fundidas, e por isso não ousamos mais crer na verdade ou falar da verdade... Ninguém pode dizer: tenho a verdade – esta é a objeção que se faz – e, justamente, ninguém pode ter a verdade. É a verdade quem possui a nós, é algo vivo! Não somos possuidores dela, embora estejamos apegados a ela. Somente se nos deixarmos guiar e mover por ela, permanecendo nela, somente se formos, com ela e nela, peregrinos da verdade, então está em nós e para nós. Penso que devemos aprender de novo a "não ter a verdade", então brilhará de novo, se ela mesma nos conduz e nos compenetra.[6]

Este é o meu augúrio e auspício para cada um de nós: que a busca da verdade evite todo jogo intelectual, incapaz de compenetrar e dar forma à vida, de modo que a luz da verdade esteja sempre acima de nós e diante de nós e que – como imerecido dom do alto – ela possa conquistar a sua força no mundo também através de nós. Obrigado.

---

[6] Bento XVI. *Santa Missa no encerramento do encontro com o "Ratzinger Schülerkreis"*, 12 de setembro de 2013.

Da América Latina
à Igreja universal

I. A opção preferencial pelos pobres em Aparecida, por Gustavo Gutiérrez

Como no caso das precedentes Conferências do Episcopado Latino-Americano e do Caribe, a Conferência de Aparecida marcará a vida da Igreja no continente e terá repercussões para além dela.

As referidas conferências fazem parte e são o resultado de longos processos, no qual participaram partes importantes do povo de Deus. Seguindo o caminho aberto pelo Concílio Vaticano II e, entre eles, a partir de Medellín, também no âmbito do desenvolvimento das próprias conferências surge a intervenção ativa de um número importante de leigos, sacerdotes, religiosos, membros de outras Igrejas cristãs e de outras religiões. Essa contribuição foi importante também no âmbito da V Conferência.[1]

A preparação inicial de Aparecida remonta aos anos precedentes, com o compromisso e a fidelidade de muitos ao Evangelho e aos

---

[1] A seguir, o Documento de Aparecida será indicado com a sigla DAp.

pobres deste continente, apesar de todas as dificuldades e incompreensões. Como o Documento de Aparecida reconhece, essa preparação reside em "o testemunho valente de nossos santos e santas, e aqueles que, inclusive sem terem sido canonizados, viveram com radicalidade o Evangelho e ofereceram sua vida por Cristo, pela Igreja e por seu povo" (DAp, n. 98).[2]

Muitos deles são conhecidos, outros são anônimos, mas todos são "testemunhas da fé", como afirma o documento (um reconhecimento e uma homenagem da qual se tinha sentido falta nas conferências precedentes). Por isso, aos olhos de todos aqueles que seguiram de perto essa linha – silenciosa, mas sempre viva – feita de compromissos e de obras na vida da Igreja latino-americana, Aparecida não é uma surpresa.

O percurso imediato que levou a essa conferência foi marcado não só por diálogos e conversações com pessoas de posições diversas, mas também por numerosas reuniões do CELAM, no âmbito das quais foi progressivamente definido o perfil da assembleia. Essa abertura verificou-se também durante os dias da realização da conferência e contribuiu para fazer com que se transformasse num momento importante da Igreja latino-americana e caribenha. Esse clima influenciará certamente o período sucessivo, no qual a recepção do acontecimento de Aparecida e das suas conclusões desempenhará um papel decisivo.

O santuário mariano no qual se desenvolveu a assembleia colocou-a em contato direto com a religiosidade de um povo cujo interesse e cujas orações não faltaram ao acompanhá-la. Foi dito que Aparecida significa uma ratificação da linha teológico-pastoral assumida

---

[2] O texto precedente reza assim: "Isso tem permitido que a Igreja seja reconhecida socialmente em muitas ocasiões como instância de confiança e credibilidade. Seu empenho a favor dos mais pobres e sua luta pela dignidade de cada ser humano têm ocasionado, em muitos casos, a perseguição e inclusive a morte de alguns de seus membros, os quais consideramos testemunhas da fé. Queremos recordar o testemunho valente de nossos santos e santas..." (ibid.).

I. A opção preferencial pelos pobres em Aparecida

nas últimas décadas nos encontros continentais anteriores.[3] Isso é verdade por vários aspectos. Ao mesmo tempo, ou antes, exatamente por essa razão, o faz com criatividade, com o olhar voltado para o tempo vindouro, levando em conta os desafios que o fato de querer viver e anunciar a mensagem evangélica deve enfrentar. É bom prestar atenção nessa fidelidade e abertura, se quisermos compreender o significado e o alcance tanto do acontecimento como do Documento de Aparecida.

Estas páginas não têm a pretensão de ser um comentário ao conjunto do documento,[4] mas têm simplesmente a intenção de tratar um dos seus pilares fundamentais, dado que confere a estrutura ao conjunto do texto e nos oferece um critério substancial para fazer a sua leitura: trata-se da opção preferencial pelos pobres. Efetivamente, como afirma o documento final, "a opção preferencial pelos pobres é uma das peculiaridades que marca a fisionomia da Igreja latino-americana e caribenha" (DAp. n. 391). Essa abordagem é expressão da maturidade de uma Igreja que, desde a segunda metade do século passado, se empenha em enfrentar a realidade social e cultural de um continente no qual deve testemunhar e anunciar a Boa-Nova, fiel ao mandamento de Jesus de buscar o Reino e a justiça de Deus (Mt 6,33).[5]

Observemos, em primeiro lugar, a insistência sobre saber discernir os sinais dos tempos, como João XXIII pedia ao convocar o concílio. Examinaremos, sucessivamente, como Aparecida apresenta o

---

[3] O documento afirma em vários pontos que se coloca "em continuidade com as conferências precedentes", conceito presente já no discurso inaugural de Bento XVI (n. 2): "Esta V Conferência Geral se celebra em continuidade com as outras quatro que a precederam" (DAp, p. 270). Em outras tantas oportunidades, o texto afirma que adota novamente, com renovado vigor, não só a perspectiva de ver, julgar e agir, mas também a opção preferencial pelos pobres. É por esta razão que o prefixo "re" é muito frequente no documento: revitalizar, retomar, renovar etc.

[4] Ver a este respeito o artigo de Agenor Brighenti, "Critérios para a leitura do Documento de Aparecida. O pré-texto, o con-texto e o texto". O artigo foi publicado pela revista *Convergência* da Conferência dos Religiosos do Brasil, saiu em forma de livro pela Editora Paulus e está disponível no site: <adital.com.br>.

[5] Uma manifestação desta maturidade foi a insistência dos episcopados na esmagadora maioria dos países – apesar das dúvidas de alguns – em pedir, antes e durante a assembleia, que, como nos casos precedentes, houvesse um documento de conclusão da conferência.

fundamento e as implicações da opção pelos pobres. Finalmente, traremos à luz uma das suas consequências mais importantes: a relação entre o anúncio do Evangelho e a transformação da história.

Discernir os sinais dos tempos

No processo que levou a Aparecida foi progressivamente afirmada a necessidade de assumir de novo o método do "ver, julgar e agir". A leitura crente (porque é disto que se trata) da realidade histórica foi considerada de crucial importância para desenhar o perfil da presença evangelizadora da comunidade cristã latino-americana. Portanto, a conferência se colocou numa perspectiva aberta durante as jornadas conciliares (com as encíclicas de João XXIII, a Constituição *Gaudium et Spes* e outros textos), cuja presença, em Medellín, Puebla e, em menor medida, em Santo Domingo, é bem conhecida.

1. Uma leitura crente

Desde o início, Aparecida se propõe a fazer uma leitura crente da realidade e a coloca em relação com o seu tema central: "Como discípulos de Jesus Cristo, sentimo-nos desafiados a discernir os 'sinais dos tempos', à luz do Espírito Santo, para nos colocar a serviço do Reino, anunciado por Jesus, que veio para que todos tenham vida e 'para que a tenham em plenitude' (Jo 10,10)" (DAp, n. 33).

Em continuidade

O discernimento pressupõe "uma atitude de conversão pastoral permanente" como disposição pessoal para "escutar com atenção" o que o Espírito nos diz (DAp., n. 366). Como sabemos bem, noutros tempos, João XXIII quis encarar o assunto. Fez isso no texto de convocação do Concílio *Humanae salutis* (1960), inspirando-se em Mateus 16,3 e nos livros proféticos que encerram aquilo que podemos chamar de pedagogia do discernimento dos sinais dos tempos (ver Jr 1,11-19, por exemplo). Tal pedagogia se traduz num aprendizado

I. A opção preferencial pelos pobres em Aparecida

exigente, ao longo do qual o olhar sobre o futuro histórico deve estar continuamente aguçado. O papa lembrou essa abordagem ainda em duas grandes encíclicas: *Mater et magistra* (1961) e *Pacem in terris* (1963). Era, portanto, uma chamada a "olhar longe", como o próprio João XXIII gostava de repetir.

Na encíclica *Ecclesiam suam*, de grande influência no Vaticano II, Paulo VI quis voltar abertamente ao assunto. Afinal, temos os documentos conciliares e, no início da *Gaudium et spes*, num trecho bem conhecido, se põe à luz a necessidade, para a relação entre a Igreja e o mundo, de "perscrutar os sinais dos tempos e interpretá-los à luz do Evangelho, para [a Igreja] ser capaz de oferecer, de forma apropriada ao modo de ser de cada geração, respostas às eternas perguntas do ser humano a respeito do sentido da vida presente e futura e as relações de ambas" (n. 4).[6]

Este conjunto concentrado de tomadas de posição (colocado, ademais, num nível elevado do Magistério), nos anos conciliares, fez com que esse ponto de vista se tornasse um dos marcos de referência mais importantes e de maiores consequências do Vaticano II. Entre essas posições, as que encontramos nas Conferências do Episcopado latino-americano, a partir de Medellín, adotam tal perspectiva como eixo metodológico dos seus textos. As repercussões na vida da comunidade cristã foram imensas, e ainda são; elas abriram o caminho do compromisso cristão.

Um compromisso permanente

A recepção da proposta de João XXIII demonstra a sua consonância com a mensagem cristã e a sensibilidade crente. Trata-se de uma ótica baseada na Encarnação do Filho de Deus, que revela o amor de Deus pelo gênero humano no seu devir histórico. Este é o seu fundamento teológico. Discernir aquilo que, na história humana, corresponde às exigências e à presença do Reino daquilo que, ao

---

[6] Depois de várias passagens realizadas durante os trabalhos conciliares, não foi adotada a menção, feita por João XXIII, do texto de Mateus.

contrário, revela a sua ausência, é a tarefa da Igreja no seu conjunto.[7] Efetivamente, nesse percurso, aparece claro desde o início que os acontecimentos históricos a perscrutar não são apenas positivos, mas há também, naturalmente, aqueles que não se colocam na linha dos valores evangélicos. Essa tentativa de compreender a história é crucial para a tarefa de proclamação do Evangelho, e é neste horizonte que se colocam os documentos de João XXIII e do concílio.

Encontramo-nos diante de uma obra permanente, mas que deve renovar-se continuamente, como afirma Aparecida. Uma série de fatos acontecidos nos últimos anos, tanto de ordem econômica como política e cultural, mas também religiosa e cristã, em particular, estão desenhando em ritmo vertiginoso uma situação inédita que faz vacilar muitas das nossas certezas e não poucos projetos históricos presentes até há pouco tempo. Trata-se, sem dúvida, do resultado de um longo percurso, mas é também verdade que a história, em tempos recentes, acelerou o passo.

Certamente, as modalidades com que os pobres e os oprimidos entraram no cenário histórico são hoje completamente diferentes das do passado. Poder-se-ia dizer até que entraram em 'crise' e deram um passo para trás. Apesar disso, é preciso prestar atenção aos caminhos inéditos que hoje tomam. Elas exprimem, com maior nitidez com respeito aos períodos precedentes, as diversas dimensões da condição de insignificância e de discriminação. Não se pode reduzir aquilo que chamamos de "irrupção do pobre" a uma das suas manifestações históricas apenas.

Desse modo, o esboço da complexa realidade do pobre se completa progressivamente, através de tentativas e erros, de modo mais ou menos estridente, mas que, afinal, fica mais preciso e nos interpela, tanto que a própria assembleia de Aparecida observa isso. Noutros

---

[7] A Constituição *Gaudium et spes*, n. 4, texto que acabamos de citar, fala de uma tarefa da Igreja, e nos números 11 e 44 a repete, ao se referir, porém, ao povo de Deus.

termos, encontramo-nos diante de um processo *in itinere*, que ainda não está totalmente realizado.

2. A questão do método em Aparecida

O caminho a seguir para precisar as tarefas da comunidade cristã nos dias de hoje na América Latina e no Caribe foi um tema enfrentado não só durante a preparação de Aparecida, mas também no âmbito da própria conferência.

Ver, julgar e agir

Como lembramos, partir da análise e da interpretação da realidade social e histórica foi um elemento decisivo nos documentos de Medellín e Puebla. Não foi assim em Santo Domingo, por causa de indicações ligadas ao medo, segundo o qual começar desse modo daria lugar, afirmava-se, a um "sociologismo" que teria feito perder, ou pelo menos causaria pesados obstáculos, a adoção da perspectiva da fé cristã.

Isso queria dizer ignorar o sentido de tal metodologia que sustenta, precisamente, que o "ver" já é uma leitura crente; os que a aplicam, desde quando foi lançada pela Juventude Operária Católica e, mais tarde, pelo próprio Cardeal Cardijn, sabem perfeitamente disso. Em Santo Domingo, algumas comissões procuraram manter essa abordagem, mas a disposição geral que a desaconselhava significou, apesar de alguns sucessos, um empobrecimento do resultado final. Em relação a tudo isso, houve uma grande consciência em Aparecida.

Quisemos recordar esse aspecto porque ele explica, em grande medida, a insistência da maioria dos episcopados sobre a necessidade de recuperar essa metodologia que permite fazer uma leitura dos sinais dos tempos. O Documento de Participação não fez menção disso, como seria de esperar. Mas o Documento de Síntese falou disso nas contribuições das diversas Conferências Episcopais do Continente, nas quais se reconhecia que esse método fora utilizado com proveito nas conferências latino-americanas anteriores (cf. n. 34-36).

Os primeiros esquemas do Documento Final – que ficaram apenas em nível de esboço – não mencionam isso, bem como as primeiras duas redações do documento, embora o levem parcialmente em conta. Foi apenas graças a uma insistência sucessiva que a conferência decidiu adotar explicitamente o tema, ratificando-o e reconhecendo-o através de uma votação amplamente majoritária. Tudo isso se deduz não só do resumo do documento,[8] mas também do próprio documento Final (cf. DAp, n. 19, número que permaneceu desde a terceira redação).[9] De fato depois de um capítulo sobre os discípulos missionários, o texto conclusivo está organizado com base nessas três etapas.

Os lugares teológicos

O discernimento dos sinais dos tempos e o método "ver, julgar, agir" se enlaçam com o tema clássico dos lugares teológicos. Trata-se de uma contribuição decisiva para a metodologia teológica que provém de Melchior Cano, teólogo da Escola de Salamanca.

A nova avaliação da história humana daquela época, ou seja, do século XVI, não é estranha a esta temática.[10] Cano procura levar em conta esse fato e propõe de modo sistemático, embora com certa rigidez, aquilo que chama de "lugares teológicos": ele os vê como fontes que fornecem o material para a reflexão teológica. Cano enuncia dez lugares, mas não coloca todos eles no mesmo nível: a Escritura e a Tradição são os fundamentais e constituem o ponto de partida; entre os oito restantes estão a vida da Igreja e o seu Magistério, bem como a teologia, o pensamento filosófico e a história humana. A nosso pa-

---

[8] "O texto tem três grandes partes que seguem o método de reflexão teológico-pastoral 'ver, julgar, agir'. Assim, olha-se a realidade com os olhos iluminados pela fé e um coração cheio de amor, proclama com alegria o Evangelho de Jesus Cristo para iluminar a meta e o caminho da vida humana, e busca, mediante um discernimento comunitário aberto ao sopro do Espírito Santo, linhas comuns de uma ação realmente missionária, que ponha todo o povo de Deus num estado permanente de missão" (Resumo, n. 3).

[9] Na versão revista, a este número foram acrescentadas algumas frases que acentuam o conceito, como sabemos, de uma leitura que parta da fé.

[10] Cf. A. Gardeil. Lieux théologiques. In: *Dictionnaire de Théologique Catholique*, Paris, Librairie Letouzey et Ané, 1926, t. IX, Première Partie, coll. 712-747.

I. A opção preferencial pelos pobres em Aparecida

recer, manter a característica da fonte alimenta a tendência atual de considerar que o lugar teológico é também um lugar eclesial e social a partir do qual se elabora o discurso sobre a fé.[11] O elemento que funda esta função, inclusive as nuanças anteriormente citadas, é o dado bíblico da presença de Deus na história.

3. A "lei da Encarnação"

Marie-Dominique Chenu[12] usava a expressão "lei da Encarnação" como chave hermenêutica – cuja fonte é a encarnação do Verbo do Pai na história – para compreender a mensagem cristã e o devir histórico da humanidade.

O discurso de Bento XVI, de importância decisiva para as conclusões de Aparecida,[13] insiste no Deus de rosto humano e, consequentemente, na sua presença na história: "Deus é a realidade fundante, não um Deus só pensado ou hipotético, mas o Deus de rosto humano; é o Deus-conosco, o Deus do amor até a cruz" (n. 3, DAp, p. 270). O tema mateano do Emanuel – de origem veterotestamentária – penetra as suas palavras e oferece um sólido apoio para falar dos compromissos que os cristãos e a Igreja no seu conjunto devem assumir diante da situação da América Latina e do Caribe.

No início do seu discurso, com uma linguagem que, no passado, alguns consideravam com desconfiança, o papa afirma que "O Verbo de Deus, fazendo-se carne em Jesus Cristo, tornou-se também história e cultura" (*Discurso* n. 1, DAp, p. 269).[14] Fazendo-se homem, entra na história humana e se coloca numa cultura. Trata-se de dimensões

---

[11] Ver o artigo de Víctor Fernández a propósito da *Notificação* recebida por J. Sobrino, "Los pobres y la teología en la *Notificación* sobre las obras de Jon Sobrino", consultado em: <http://www.uca.edu.ar/esp/sec-fteologia/novedades>.

[12] A presença do tema dos sinais dos tempos na *Gaudium et spes* deve muito às suas contribuições. Ver o seu artigo, Les Signes des temps: réflexion théologique. In: Y.M.-J. Congar; M. Peuchmaurd. *L'Église dans le monde de ce temps*. Paris, Du Cerf, 1967, t. II, pp. 205-225.

[13] A este respeito ver G. Gutiérrez, Benedicto XVI y la opción preferencial por el pobre. *Páginas*, n. 205 (jun. 2007), pp. 6-13.

[14] Este trecho não foi usado em Aparecida, embora o seu conteúdo esteja presente em vários textos do Documento Final.

necessárias e carregadas de consequências para uma compreensão apropriada da mensagem cristã: uma mensagem que se realiza na história e que, ao mesmo tempo, a transcende.

Reafirmação da opção preferencial pelos pobres

O vínculo entre Deus e o pobre perpassa toda a Bíblia. Bartolomeu de Las Casas o manifesta num pensamento belo e expressivo, que se torna para ele um modelo de conduta para a solidariedade e a defesa dos habitantes autóctones daquelas terras. Vale a pena citar o que diz deles, falando de uma assembleia eclesial continental: "Do menor e esquecido, Deus conserva a memória mais viva e recente". Esta memória está presente em Aparecida e nela se baseia a opção preferencial pelos pobres, expressão contemporânea de um elemento crucial da mensagem cristã de sempre.

Assumimos "com renovada força essa opção..." (DAp, n. 399), "reafirmamos a nossa opção..." (Mensagem, n. 4), mantemos "com renovado esforço a nossa opção..." (ibid.). Os textos de Aparecida multiplicam esses enunciados: com eles se manifesta claramente a vontade de se colocar em continuidade, reforçada e criativa, com a opção preferencial pelos pobres, perspectiva adotada pela Igreja latino-americana e caribenha nas últimas décadas. Essa opção, como diz um texto já mencionado, desenha o perfil da "fisionomia da Igreja" (DAp, n. 391) no continente. É uma convicção que Aparecida coloca como ponto sem volta para a Igreja que vive nesse continente.[15]

---

[15] Encontramos a frase "opção preferencial pelos pobres" 11 vezes em Aparecida, enquanto a forma mais breve, ou seja, "opção pelos pobres", aparece 4 vezes. Dessas 15 menções, 8 se encontram no capítulo 8, que trata diretamente do tema. Além disso, a elas é preciso acrescentar numerosos textos que indicam o mesmo conceito com expressões análogas.

I. A opção preferencial pelos pobres em Aparecida

1. O fundamento cristológico

Indubitavelmente, uma das afirmações mais importantes do discurso inaugural de Bento XVI, que teve grande influência no texto final, diz respeito ao fundamento teológico da opção pelos pobres. O fato de enfrentar esse tema, e de fazê-lo em termos extremamente claros, diante da Conferência do Episcopado do Continente no qual nasce a formulação dessa solidariedade com os pobres, foi particularmente significativo.

O papa enquadra a referida opção lembrando que a fé cristã nos faz sair do individualismo e cria uma comunhão com Deus e, por conseguinte, entre nós: "A fé nos liberta do isolamento do eu, porque nos leva à comunhão: o encontro com Deus é, em si mesmo e como tal, encontro com os irmãos, um ato de convocação, de unificação, de responsabilidade para com o outro e para com os demais". A opção pelos pobres é uma caminhada para a comunhão e encontra nela o seu significado mais profundo e exigente. O texto que acabamos de citar continua, imediatamente em seguida, como segue: "Nesse sentido, a opção preferencial pelos pobres está implícita na fé cristológica naquele Deus que se fez pobre por nós, para enriquecer-nos com sua pobreza (cf. 2Cor 8,9)" (Discurso, n. 3, DAp, p. 273). É a fé num Deus que se fez um conosco e que se manifesta no testemunho do amor prioritário de Jesus Cristo pelos pobres.

É nesse modelo da Encarnação que o texto aparece citado em Aparecida. "Nossa fé proclama que – afirma baseando-se numa frase da exortação *Ecclesia in America* (n. 67) – 'Jesus Cristo é o rosto humano de Deus e o rosto divino do homem'". Continua depois com a citação do discurso do papa: "Por isso, 'a opção preferencial pelos pobres está implícita na fé cristológica naquele Deus que se fez pobre por nós, para nos enriquecer com sua pobreza' (Discurso, n. 3)". O "por isso", que equivale ao "neste sentido" do discurso papal, bem como a menção do rosto, humano e divino, de Cristo, reafirmam do mesmo modo o fundamento desta opção: a fé em Cristo. Esta é a raiz de tudo. É o que, muito claramente, Aparecida afirma: "Essa opção nasce de nossa fé em Jesus Cristo, o Deus feito homem, que se fez nosso irmão (cf. Hb 2,11-12)" (DAp, n. 392).[16] A fraternidade entre Cristo e os seres humanos, a comunhão da qual falava o discurso inaugural, é acentuada em Aparecida com a referência à carta aos Hebreus.

Dois números depois é retomada a ideia da opção pelos pobres como implícita na fé cristológica e como nascida dela: "De nossa fé em Cristo nasce também a solidariedade como atitude permanente de encontro, irmandade e serviço" (DAp, n. 394). Esses termos diferentes sublinham a relação entre Cristo e a opção pelos pobres. Tal ligação é recordada também na reflexão teológica que acompanhou essas considerações e que encontramos nas três conferências latino-americanas precedentes. Nelas aparece claramente o fundamento cristológico da opção pelos pobres.[17] Além disso, todas fazem referência ao mesmo texto de 2Cor 8,9, ao qual aludem tanto Bento XVI quanto Aparecida. Sem dúvida, porém, a formulação que encontramos nos seus textos confere precisão, atualidade e grande vigor a uma perspectiva que pôs um selo indelével sobre a vida da Igreja no continente e também além dele. Desse modo, a opção pelos pobres se estrutura como pilar do Documento de Aparecida, e é verdadeiramente exata porque se trata de um pilar de vida e de reflexão para o discípulo de Jesus.[18]

---

[16] O documento autorizado acrescenta uma frase a este texto: "opção, no entanto, não exclusiva, nem excludente", para enfatizar o sentido que a palavra "preferencial" encerra.

[17] Cf. Medellín. Pobrez, n. 4c e 7, Puebla, n. 1.145 e 1.147 e Santo Domingo, n. 178 e 164.

[18] É interessante observar, a propósito disso, que um primeiro esboço da mensagem apresentava numa só frase a opção preferencial pelos pobres e pelos jovens. No entanto, houve intervenções que recordaram o caráter bíblico e global, em virtude da sua raiz evangélica, da opção pelos pobres e da condição de linha pastoral da opção pelos jovens; por isso se decidiu separar estas duas afirmações e o texto foi redigido como segue: "Manter com renovado esforço a nossa opção preferencial e evangélica pelos pobres" e, em seguida, "Acompanhar os jovens na sua formação e busca de identidade, vocação e missão, renovando a nossa opção por eles". Esse acompanhamento é um aspecto pastoral, certamente importante, do qual o Documento Final fala no contexto da pastoral juvenil (cf. DAp, n. 446a).

I. A opção preferencial pelos pobres em Aparecida

2. Os rostos dos pobres

O documento traz uma importante consequência ao que foi dito sobre o fundamento da opção pelos pobres. Ele afirma: "Se essa opção está implícita na fé cristológica, os cristãos, como discípulos e missionários, são chamados a contemplar, nos rostos sofredores de nossos irmãos, o rosto de Cristo que nos chama a servi-lo neles". O documento nos liga a um texto de Santo Domingo (n. 178) para mostrar o alcance da sua afirmação: "Os rostos sofredores dos pobres são rostos sofredores de Cristo" (DAp, n. 393). Esse reconhecimento implica "um olhar de fé" (DAp, n. 32).

Esse argumento, de evidente inspiração evangélica, surge, como sabemos, em Puebla (n. 31-39). A sua recepção nas comunidades cristãs do continente e em muitas das suas celebrações litúrgicas foi enorme. Santo Domingo o retomou, ampliando a lista daqueles rostos e pedindo que fosse depois enriquecida. Aparecida fez isso ao retomar essa ideia da tradição eclesial latino-americana das últimas décadas. Há mais, porém: em Aparecida temos duas listas dos novos rostos dos pobres nos quais devemos reconhecer o rosto de Cristo.[19]

Sustenta-se com precisão e firmeza que o desafio que provém desses rostos sofredores penetra as coisas em profundidade: "Eles desafiam o núcleo do trabalho da Igreja, da pastoral e de nossas atitudes cristãs" (DAp, n. 393). A razão é clara e exigente, pois "tudo o que tenha relação com Cristo tem relação com os pobres, e tudo o que está relacionado com os pobres clama por Jesus Cristo: 'Tudo quanto vocês fizeram a um destes meus irmãos menores, o fizeram a mim' (Mt 25,40)" (ibid.). Há, portanto, uma relação estreita entre Cristo e o pobre. O texto crucial é o de Mateus 25, extremamente presente na história da evangelização e na solidariedade com os pobres deste

---

[19] Ver os números 65, 402 e 407-430. Aí se fala, entre outros, de migrantes, deslocados, vítimas de HIV/AIDS, meninas e meninos vítimas de prostituição infantil, dos excluídos por causa do analfabetismo tecnológico, dos drogados, dos doentes de tuberculose, dos presos em condições desumanas. São mencionadas também, ainda uma vez, as mulheres indígenas, afro-americanas, que Aparecida considera com maior atenção do que as conferências precedentes.

continente, é que o fundamento dessa perspectiva. Por isso é a passagem bíblica mais estudada no âmbito da Teologia da Libertação.[20]

No caso, o número de Aparecida que estamos citando termina com uma nova referência cristológica: "João Paulo II destacou que este texto bíblico 'ilumina o mistério de Cristo'.[21] Porque em Cristo o grande se fez pequeno, o forte se fez fraco, o rico se fez pobre" (DAp, n. 393). De fato, o texto de Mateus não se limita a uma pura questão de comportamento por parte do cristão, a um fato de ética de inspiração evangélica; mas nos indica um caminho a seguir para compreender o Emanuel, o Deus conosco, o Deus presente na história humana. Se não chegarmos até este ponto, não podemos compreender a sua profundidade e alcance. Os contrastes que a frase citada apresenta são particularmente significativos e evocativos.

O texto conclusivo do primeiro capítulo de Aparecida resume perfeitamente o que foi dito nesse parágrafo: "No rosto de Jesus Cristo, morto e ressuscitado, maltratado por nossos pecados e glorificado pelo Pai, nesse rosto doente e glorioso (cf. *Novo Millennio ineunte*, n. 25 e 28), com o olhar da fé podemos ver o rosto humilhado de tantos homens e mulheres de nossos povos e, ao mesmo tempo, sua vocação à liberdade dos filhos de Deus, à plena realização de sua dignidade pessoal e à fraternidade entre todos. A Igreja está a serviço de todos os seres humanos, filhos e filhas de Deus" (DAp, n. 32).

3. *A preferência pelos pobres*

Trata-se de uma opção que implica uma solidariedade e um empenho decisivos. Os pobres são os primeiros no amor de Deus por todos; a preferência não enfraquece a exigência desta opção; trata-se de uma opção não opcional, como muitas vezes se acentuou. Ambos os termos, opção e preferência, são utilizados e aprofundados no Documento de Aparecida.

---

[20] Cf. G. Gutiérrez. Donde está el pobre está Jesucristo. *Páginas*, n. 197 (fev. 2006), pp. 6-22.
[21] João Paulo II. *Novo Millennio ineunte*, n. 49.

I. A opção preferencial pelos pobres em Aparecida

Um *kairós*: a emergência do pobre

Aquilo que foi definido como "a irrupção do pobre na vida do Continente" comportou uma reflexão, à luz da fé, acerca desse sinal dos tempos.

Esse caminho levou a um estudo bíblico que desemboca na proposta da opção pelos pobres. A solidariedade que ela implica se refere, portanto, aos pobres reais, àqueles que vivem numa situação de injustiça e de insignificância social, contrária à vontade de vida do Deus amor. O documento adota esta abordagem e, partindo da situação dos pobres e dos marginalizados dos nossos dias, retoma com força algumas ideias sobre as quais insistiram a vivência e a reflexão da opção pelos pobres nestes anos.

Em primeiro lugar, o documento delineia uma percepção da *complexidade* da pobreza, que não se limita à sua dimensão econômica, por importante que seja. "O flagelo da pobreza [...] – afirma-se – tem diversas expressões: econômica, física, espiritual, moral etc." (DAp, n. 176). Daqui deriva a sua sensibilidade no tocante à "diversidade cultural" do continente, que considera "evidente" (DAp, n. 56).[22] O texto avalia e leva em consideração um *kairós*, um momento propício, ou seja, a nova presença de indígenas e descendentes africanos que possam também nos conduzir a "um novo Pentecostes".[23] Numa boa formulação, as conclusões afirmam que eles "são, sobretudo, 'outros' diferentes que exigem respeito e reconhecimento. A sociedade tende a menosprezá-los, desconhecendo o porquê de suas diferenças"

---

[22] O texto continua: "Existem em nossa região diversas culturas indígenas, afro-americanas, mestiças, camponesas, urbanas e suburbanas. [...] A essa complexidade cultural se deveria acrescentar também a de tantos imigrantes europeus que se estabeleceram nos países de nossa região" (DAp, n. 56).

[23] Aparecida vê a emergência desses setores como uma oportunidade de evangelização: "Os indígenas e afro-americanos emergem agora na sociedade e na Igreja. Este é um *kairós* para aprofundar o encontro da Igreja com esses setores humanos que reivindicam o reconhecimento pleno de seus direitos individuais e coletivos, serem levados em consideração na catolicidade com sua cosmovisão, seus valores e suas identidades particulares, para viverem um novo Pentecostes eclesial" (DAp, n. 91; ver também os n. 88-97 e 529-533).

(DAp, n. 89).[24] De fato, o pobre é o outro de uma sociedade que não lhes reconhece, a não ser teoricamente, a sua dignidade humana.

No mesmo sentido, e acentuando a complexidade do mundo da marginalização e da insignificância social, Aparecida enfrenta a questão da situação da mulher: "Nesta hora da América Latina e do Caribe, é imperativo tomar consciência da situação precária que afeta a dignidade de muitas mulheres" (DAp, n. 48; ver também os n. 451-458) que sofrem uma terrível exclusão por causa de várias razões: "São excluídas em razão do seu sexo, raça ou situação socioeconômica" (DAp, n. 65).[25] Para elas, vale também a questão do tipo de alteridade antes referida, pois, de certo modo, a mulher é "outra" em relação à sociedade atual, é uma pessoa a quem não é reconhecida plenamente a sua dignidade humana e os seus direitos.

Há, depois, outro aspecto importante neste texto que coloca o acento nas mulheres que pertencem a populações particularmente marginalizadas, enquanto sublinha a atualidade e urgência com que é preciso ocupar-se com essa situação: "Nesta hora da América Latina e do Caribe, é urgente escutar o clamor, muitas vezes silenciado, de mulheres que são submetidas a muitas formas de exclusão e de violência em todas as suas formas e em todas as etapas de suas vidas. Entre elas, as mulheres pobres, indígenas e afro-americanas têm sofrido dupla marginalização" (DAp, n. 454). O texto da opção preferencial pelos pobres de Puebla (n. 1135, nota) já nos admoestava contra essa dupla marginalização. Ainda há muito a dizer sobre os novos rostos da pobreza e sobre os âmbitos que sofrem mais fortemente a exclusão e a insignificância social e cultural. No entanto,

---

[24] O texto prossegue nestes termos: "Sua situação social está marcada pela exclusão e pela pobreza. A Igreja acompanha os indígenas e afro-americanos nas lutas por seus legítimos direitos" (DAp, n. 89). Acerca da presença dos povos indígenas em Aparecida, ver o interessante artigo de Eleazar López, Aparecida y los indígenas. In: *Espacio de análisis, reflexión e información en torno al V CELAM, Boletín de Análisis* 10, pp. 1-6.

[25] Outro texto diz que "é necessário superar a mentalidade machista que ignora a novidade do cristianismo, onde se reconhece e se proclama a 'igual dignidade e responsabilidade da mulher em relação ao homem' (Discurso, n. 5)" (DAp, n. 453). Observe-se a transparência da linguagem utilizada.

I. A opção preferencial pelos pobres em Aparecida

nessa matéria, bem como em muitas outras, Aparecida não pretende encerrar a análise nem a reflexão.

O documento põe à luz também as *causas* dos vários tipos de pobreza.[26] Limitar-nos-emos a mencionar o que diz acerca da globalização, tema presente em várias partes do texto de Aparecida. Iniciamos com uma afirmação de conjunto: "A globalização faz emergir, em nossos povos, novos rostos pobres" (DAp, n. 402). A razão está no fato de que "na globalização, a dinâmica do mercado absolutiza com facilidade a eficácia e a produtividade como valores reguladores de todas as relações humanas. Esse caráter peculiar faz da globalização um processo promotor de iniquidades e injustiças múltiplas" (DAp, n. 61). Isso é devido à tendência da globalização de favorecer e "privilegiar o lucro e estimular a concorrência [...] aumentando as desigualdades que marcam tristemente nosso continente e que mantêm na pobreza uma multidão de pessoas" (DAp, n. 62). Especificamos que, em cada momento, as conclusões esclarecem perfeitamente que se referem à "globalização, tal como está configurada atualmente" (DAp, n. 61), já que ela poderia adotar outros percursos.

Aparecida presta também atenção a um ponto cardeal da prática e da reflexão latino-americana acerca da opção pelos pobres: os próprios pobres devem poder *gerir o seu destino*. Não se trata de falar pelos pobres, o importante é que eles mesmos tenham voz numa sociedade que não escuta o clamor deles, que pedem libertação e justiça. Esta é a aspiração mais profunda deles, eles sentem "a necessidade de construir o próprio destino" (DAp, n. 53). No que diz respeito ao processo de "recuperação da identidade" dos povos marginalizados, afirma-se que esses esforços "fazem das mulheres e homens negros sujeitos construtores de sua história e de uma nova história que se vai desenhando na atualidade latino-americana e caribenha" (DAp, n. 97). O mesmo princípio vale para outros elementos fracos e em

---

[26] Os números 43-82 falam das situações sociocultural, econômica e sociopolítica.

diversos campos: "Dia a dia os pobres se fazem sujeitos da evangelização e da promoção humana integral" (DAp, n. 398).

Preferência

Nos anos 1960 e em particular em Medellín, foram lançadas as bases daquilo que, nos anos precedentes a Puebla, se começou a chamar de ação prioritária, preferencial, privilegiada ou expressões semelhantes, pelos pobres. De fato, as três palavras da frase "opção preferencial pelos pobres" correspondem, uma a uma, às três acepções do termo pobreza na distinção abraçada por Medellín: pobreza real como condição injusta e desumana, pobreza espiritual e solidariedade com os pobres, e rejeição da pobreza.[27]

O termo "preferência" não pretende moderar – nem tampouco esquecer – a exigência de solidariedade com os pobres e com a justiça social. O termo só pode ser compreendido em relação ao amor de Deus por toda pessoa. A Escritura o apresenta como universal e, ao mesmo tempo, preferente. É a isso que se referia João XXIII quando falava de "uma Igreja de todos e *particularmente* dos pobres". São dois aspectos que não estão em contradição, mas numa tensão fecunda. Limitar-se a um deles significa perder ambos.

Por este motivo Aparecida diz – no início do capítulo 8, que trata em particular da opção pelos pobres – que "a missão do anúncio da Boa-Nova de Jesus Cristo tem destinação universal. Seu mandato de caridade alcança todas as dimensões da existência, todas as pessoas, todos os ambientes da convivência e todos os povos. Nada do humano pode lhe parecer estranho" (DAp, n. 380). É nesse contexto que é entendido o sentido da prioridade das pessoas marginalizadas e excluídas.

O documento vai exatamente nesse sentido quando fala da opção pelos pobres e afirma: "que seja preferencial implica que deva atravessar todas as nossas estruturas e prioridades pastorais. A Igreja

---

[27] Ver uma breve descrição desse processo em G. Gutiérrez, Pobreza y Teología. *Páginas*, n. 191 (fev. 2005), pp. 12-28.

latino-americana é chamada a ser sacramento de amor, solidariedade e justiça entre nossos povos" (A. n. 396). Ela deve ser transversal a todas as instâncias eclesiais e não compartimentalizada em determinados setores, a fim de ser sacramento de amor e de justiça. A isso tende a preferência, não a atenuar a radicalidade da opção.

Por um lado, a universalidade coloca o privilégio dos pobres num horizonte amplo, impondo-lhes que superem continuamente os eventuais limites. Ao mesmo tempo, a preferência pelos pobres confere concretude e alcance histórico a essa universalidade, prevenindo contra o perigo de ficar ancorados num nível enganoso e obscuro.

Evangelização e compromisso pela justiça

São várias as perguntas que derivam do modo como é reafirmada e apresentada a opção preferencial pelos pobres em Aparecida. Aqui, nos limitaremos a observar uma em particular.

Seguindo o que dissemos, que é, por sua vez, o resultado de décadas de uma caminhada na qual não faltaram as vicissitudes, o documento exprime uma visão ampla e fecunda da evangelização. O texto se apressa em afirmar que os discípulos missionários[28] sabem que a luz de Cristo garante a esperança, o amor e o futuro. E acrescenta: "Essa é a tarefa essencial da evangelização, que inclui a opção preferencial pelos pobres, a promoção humana integral e a autêntica libertação cristã" (DAp, n. 146). De fato, uma das implicações dessa opção diz respeito ao testemunho da Boa-Nova.

1. Compartilhar uma esperança

O anúncio do Evangelho provém de um encontro. Do encontro com Jesus. Encontramos o Messias, o Cristo, diz André a seu irmão

---

[28] Vários participantes da conferência pediram oportunamente, como se deduz de alguns textos do Documento de Aparecida, que se eliminasse o "e" da expressão "discípulos e missionários", a fim de sublinhar que todo discípulo de Jesus é necessariamente missionário. O testemunho discipular é, definitivamente, um prolongamento indispensável, em comunidade, das missões prioritárias do Filho e do Espírito (cf. *Ad gentes*, n. 3-5).

Pobre para os pobres

Simão Pedro, enquanto o leva a Jesus (cf. Jo 1,41-42). Esse é um relato simples que nos diz em que consiste a base da comunicação da Boa--Nova. Recordar isso permite que o documento exprima considerações próximas de nós, que fazem parte de muitas experiências e que nos inserem no próprio sentido da opção pelos pobres.

A alegria do discípulo

Esse compartilhamento nasce da alegria do

> encontro com Jesus Cristo, a quem reconhecemos como o Filho de Deus encarnado e redentor [...] e desejamos que a alegria da Boa-Nova do Reino de Deus, de Jesus Cristo vencedor do pecado e da morte, chegue a todos [...]. Fazê-lo conhecido com nossa palavra e obras é a nossa alegria (DAp, n. 29).

Sem essa experiência, a transmissão da mensagem se torna algo frio e distante, que não chega às pessoas. De fato, a opção pelos pobres não evita "o risco de ficar em plano teórico ou meramente emotivo, sem verdadeira incidência em nossos comportamentos e em nossas decisões" (DAp, n. 397). A experiência alegre do encontro com Jesus amplia o nosso olhar e abre o nosso coração.

A opção pelos pobres solicita "dedicarmos tempo aos pobres, prestar a eles amável atenção, escutá-los com interesse, acompanhá--los nos momentos difíceis, escolhê-los para compartilhar horas, semanas ou anos de nossa vida, e procurando, a partir deles, a transformação de sua situação" (ibid.). Não se trata de condescendência e sim de solidariedade e de amizade. Amizade significa igualdade, reconhecimento da dignidade deles. O documento o entende exatamente assim. Por isso acentua que é necessário que se "evite toda atitude paternalista" (ibid.).

Pobrezas escondidas

O documento nos diz: "Só a proximidade que nos faz amigos nos permite apreciar profundamente os valores dos pobres de hoje, seus legítimos desejos e seu modo próprio de viver a fé. A opção pelos pobres deve conduzir-nos à amizade com os pobres" (DAp, n. 398).[29] Sem a amizade com eles, de fato, não há autêntica solidariedade nem verdadeira partilha; a opção é opção por pessoas concretas, por filhas e filhos de Deus.

Esta atitude nos ajudará a perceber "os grandes sofrimentos que a maioria da nossa gente vive e que com muita frequência – afirma Aparecida com sensibilidade e agudeza – são pobrezas escondidas" (DAp, n. 176). Entre os pobres há pobrezas modestas, que pouco aparecem, feitas de vida diária, tão assimiladas que não se fala delas, vexações vistas como fatos inevitáveis, e um certo pudor as cobre com um véu de silêncio. Isso acontece sobretudo com as mulheres dos setores mais pobres, que são marginalizadas, muitas vezes no próprio âmbito das suas famílias, mas não acontece apenas com elas. Todos esses pequenos (ou grandes) sofrimentos sobem à superfície – quando o fazem – apenas depois de um longo período de amizade, e muitas vezes se pede desculpas até por falar a respeito disso. É exatamente até esse ponto que é preciso ir.

Essas considerações não excluem, de modo algum, que a opção pelos pobres signifique, igualmente, um compromisso pela justiça e uma solidariedade munida dos esforços necessários para eliminá-la, como veremos no próximo parágrafo. Limitam-se simplesmente a pôr à luz alguns aspectos cruciais que podem escapar a um olhar que não aprofunde suficientemente as profundas – e humildes – dimensões da vida dos pobres, mas também os aspectos mais delicados das pessoas.

2. *A Igreja, advogada da justiça e dos pobres*

A opção pelos pobres é compreendida na tarefa de evangelização, dizia Bento XVI numa frase que citamos pouco antes. Isso nos leva a nos perguntarmos sobre a colocação da luta pela justiça no anúncio do Reino.

---

[29] O texto que segue já foi citado antes e fala dos pobres como gestores do seu destino.

Pobre para os pobres

Uma palavra profética

Ação pela justiça e promoção humana não são estranhas à evangelização. Pelo contrário, elas não terminam onde inicia o anúncio da mensagem cristã. Não se trata de uma pré-evangelização, mas constituem uma parte da proclamação da Boa-Nova. Essa visão, hoje sempre mais evidente, e é evidente também em Aparecida, é o resultado de um processo que, pouco a pouco, levou a compreender o sentido da expressão "venha o teu Reino". Significa falar da transformação da história na qual o Reino de Deus se torna *já* presente, embora *ainda não* plenamente. É uma andadura que acelera o passo a partir do concílio, quando foi considerada seriamente a presença da Igreja no mundo.

A esse respeito, Medellín afirma que Jesus veio nos libertar do pecado, cujas consequências são escravidões que se resumem na injustiça (Justiça, n. 3); o ponto foi depois retomado, num modo ou no outro, pelas assembleias continentais sucessivas. O sínodo romano sobre *Justiça no mundo* (1971) coloca-se nesta linha: a missão da Igreja "inclui a defesa e a promoção da dignidade e dos direitos fundamentais da pessoa humana" (n. 37). Além de na *Evangelii nuntiandi* (n. 29), João Paulo II expressou o mesmo conceito em Puebla, quase com os mesmos termos do sínodo, mencionando a missão evangelizadora que "tem como parte indispensável o compromisso pela justiça e a obra da promoção do homem" (Discurso, III, n. 2).

Por sua vez, no discurso inaugural Bento XVI afirmou que "a evangelização esteve sempre unida à promoção humana e à autêntica libertação cristã. 'Amor a Deus e amor ao próximo se fundem entre si: no mais humilde encontramos o próprio Jesus e em Jesus encontramos Deus' (*Deus caritas est*, n. 15)" (Discurso, n. 3; DAp, p. 274). Uma questão de princípio, que as infidelidades históricas não modificam enquanto exigência permanente.[30] Nessa ordem de ideias,

---

[30] Aparecida retoma a ideia aludindo ao comportamento do samaritano que abandona o seu caminho para cuidar do ferido: "Iluminados pelo Cristo, o sofrimento, a injustiça e a cruz nos desafiam a viver como Igreja samaritana (cf. Lc 10,25-37)" (DAp, n. 26).

ele declara abertamente, num texto muito influente para Aparecida, que "a Igreja é advogada da justiça e dos pobres", e em algumas linhas abaixo acentua a ideia: "Advogada da justiça e da verdade" (Discurso, n. 4; DAp, p. 278). Estes textos foram muitas vezes citados em Aparecida e completados com conceitos que aprofundam o seu significado. "O Santo Padre nos recorda que a Igreja está convocada a ser 'advogada da justiça e defensora dos pobres' diante das 'intoleráveis desigualdades sociais e econômicas'" (DAp, n. 395). O ponto parece claro. O anúncio do Evangelho é uma palavra profética que proclama o amor de Deus por toda pessoa, mas principalmente pelos pobres e pelos negligenciados, e que denuncia a situação de injustiça que eles sofrem.

O anúncio do Evangelho implica uma transformação da história que gire em redor da justiça, tenha uma respeitosa avaliação das diferenças de gênero, étnicas e culturais, e em defesa dos direitos humanos mais elementares, sobre os quais deve basear-se uma sociedade fundada na igualdade e na fraternidade. Uma sociedade de condições "mais humanas", como afirma a *Populorum progressio* (n. 21), citada por Bento XVI no seu discurso inaugural (n. 4; DAp, p. 275).

A mesa da vida

Denunciar as injustiças e restabelecer a justiça são expressões necessárias da solidariedade em relação a pessoas concretas.[31] Cremos num Deus da vida, que rejeita a pobreza desumana, que não é outra coisa que morte injusta e prematura. Todos somos chamados a participar do banquete da vida.

> As agudas diferenças – afirma a conferência – entre ricos e pobres nos convidam a trabalhar com maior empenho para ser discípulos que saibam partilhar a mesa da vida, mesa de todos os filhos e filhas do Pai, mesa aberta, inclusiva, na qual não falte ninguém. Por isso reafir-

---

[31] "Assumindo com nova força essa opção pelos pobres, manifestamos que todo processo evangelizador envolve a promoção humana e a autêntica libertação "sem a qual não é possível uma ordem justa na sociedade" (Discurso, n. 4)" (DAp, n. 399).

mamos nossa opção preferencial e evangélica pelos pobres (Mensagem final, n. 4).

Uma mesa aberta, portanto, da qual ninguém é excluído, mas cujos primeiros convidados são os últimos deste mundo.

O Santo Padre, no seu Discurso Inaugural, quis fazer uma interessante alusão ao perigo do mundo contemporâneo, ou seja, o perigo de uma atitude individualista e indiferente diante da realidade na qual vivemos. Aparecida acolhe esta observação nos seus próprios termos: "A santidade não é uma fuga para o intimismo, para o individualismo religioso", tendência muito marcada na sociedade e no mundo religioso hodierno. O discurso insiste: não é tampouco "um abandono da realidade urgente dos grandes problemas econômicos, sociais e políticos da América Latina e do mundo, e uma fuga da realidade para um mundo espiritual" (Discurso, n. 3; DAp, p. 272, cf. DAp, n. 146). Esta é, realmente, uma grande tentação contemporânea da vida cristã na qual muitos caem e da qual até se gloriam; ela permite sentir-se em paz com a própria consciência, embora se abandone o testemunho de Jesus. Como se uma atitude intimista e separada, que pretenda mover-se numa esfera "exclusivamente espiritual", pudesse responder fielmente às exigências evangélicas. Nesse sentido, o papa e Aparecida lançam um grande aviso em relação a esse "purismo", que não corresponde à pureza autêntica e à limpidez do Evangelho.[32]

As comunidades eclesiais de base, que "demonstram seu compromisso evangelizador e missionário entre os mais simples e afastados, e são expressão visível da opção preferencial pelos pobres" (DAp, n. 179),[33] deixando claro precisamente a solidariedade que nasce do amor a Deus e ao próximo e que fazem parte de um "único man-

---

[32] Na mesma linha se colocam a insistência de Bento XVI e de Aparecida ao acentuar que "a vida cristã não se expressa somente nas virtudes pessoais, mas também nas virtudes sociais e políticas" (Discurso, n. 3; DAp, p. 274, e DAp, n. 505).

[33] Entre as modificações ao texto final de Aparecida, mais numerosas do que nas conferências precedentes, a mais extensa corresponde – surpreendentemente – aos parágrafos referentes às comunidades de base.

I. A opção preferencial pelos pobres em Aparecida

damento" (*Deus caritas est*, n. 18). Na Eucaristia, configurando-nos com o Senhor e ouvindo em oração a sua Palavra, fazemos memória da sua vida, testemunho, ensinamento, morte e Ressurreição e celebramos com alegria a nossa comunhão com Deus e entre nós (cf. DAp, n. 142).

Conclusão

O documento tem um cunho de esperança, mas não alimenta ilusões. No final do texto se especifica que "não há, certamente, outra região que conte com tantos fatores de unidade como a América Latina". No entanto, "trata-se de unidade esparsa, porque atravessada por profundas dominações e contradições" e – acrescenta – ainda "incapaz de incorporar em si 'todos os sangues' e de superar a brecha de estridentes desigualdades e marginalizações" (DAp, n. 527). A expressão "todos os sangues" vem do título de um romance de José María Arguedas,[34] no qual o autor procura descrever a complexa realidade do Peru, mas, na realidade, vale para todo o continente. Ela exprime a nossa diversidade, mas também a nossa riqueza e as nossas potencialidades. Indicar as dificuldades que temos de enfrentar no presente é questão de realismo, e é uma condição indispensável para fazer frente de maneira correta aos desafios que derivam da nossa situação.

Aparecida procurou olhar essa realidade de frente, sem subterfúgios nem escapatórias. A conferência faz perguntas aos discípulos de Jesus a fim de que cumpram a sua missão com fidelidade ao Evangelho. Faz isso convencida de que "a opção preferencial pelos pobres nos impulsiona, como discípulos e missionários de Jesus, a procurar caminhos novos e criativos a fim de responder a outros efeitos da pobreza" (DAp, n. 409); mas também às suas causas e às suas múltiplas consequências, dever-se-ia acrescentar. Essa opção compreende um estilo de vida que inspirou muitas formas de compromisso em

---

[34] José María Arguedas (1911-1969), escritor peruano, lançou *Todas las sangres* em 1964 (N.T.).

três níveis, diferentes entre eles embora ligados, a saber: o anúncio da Boa-Nova (no campo pastoral e social), talvez o mais visível; o teológico; e, como fundamento de tudo o que se disse, o da espiritualidade, a *sequela Christi*. Ela se torna um dos pilares transversais do documento.

No início destas páginas dissemos que o acontecimento e o Documento de Aparecida marcaram a vida da Igreja da América Latina e do Caribe para o futuro, mas é necessário completar essa afirmação. Tudo dependerá de como receberemos Aparecida; está nas nossas mãos.[35] Nas mãos das Igrejas locais, das comunidades cristãs e das diversas instâncias eclesiais. A exegese, a interpretação de textos como este, se realiza nos fatos, na prática. É a isto que nos chama a Boa-Nova do Reino de Deus, aqui e agora.

---

[35] Como disse Carlos Galli, Aparecida "fue un acontecimiento, que con el paso del tiempo, la recepción eclesial y su influjo real dirán si llega a ser 'histórico'" (Aparecida ¿un nuevo Pentecostés en América Latina y el Caribe?. *Criterio*, Ano LXXX, n. 2328 [jul. 2007], pp. 362-371).

II. A espiritualidade do acontecimento conciliar,* por Gustavo Gutiérrez

Já faz mais de cinquenta anos, o concílio – que, para grande surpresa de muitos, fora convocado por João XXIII – estava para iniciar uma segunda sessão, depois de um atormentado princípio em 1962. Na primeira sessão, de fato, alguns pensavam – e desejavam – que o concílio durasse apenas alguns meses e que aprovasse, com uma discussão preliminar e algum retoque, os esquemas dos documentos preparados pela cúria romana. Mas não foi assim. De fato, durante essa primeira fase, foram rejeitados todos os esquemas anteriormente elaborados – exceto um, o documento sobre a liturgia –, mas os debates iniciais permitiram que os participantes se conhecessem e criassem o clima de diálogo e de abertura que depois marcaria os trabalhos dali em diante. Durante os últimos dias da primeira sessão,

---

* Texto baseado em G. Gutiérrez, Die Spiritualität des Konzilsereignisses. In: M. Delgado; M. Sievernich (Hgg.). *Die Grossen Metaphern des Zweiten Vatikanischen Konzils. Ihre Bedeutung fur heute*. Freiburg, Herder, 2013, pp. 405-421.

foi traçado o caminho a percorrer e o concílio recomeçou, abrindo uma nova etapa na vida da Igreja Católica.

Como sabemos, o concílio é encerrado numa atmosfera de grande alegria para aqueles que tinham participado de seus trabalhos, para aqueles que puderam segui-los de perto, e também para a opinião pública mundial surpreendida pelo calor e pela abertura humanista da sua mensagem. Os seus documentos estavam ali – e ainda estão –, redigidos com uma inspiração evangélica a partir da qual se dialoga com o mundo de hoje, no quadro de um propósito de serviço. Apesar disso, nos mesmos anos conciliares, houve desacordos e resistências que, embora minoritários, deixavam prever que, em alguns círculos, haveria uma persistente posição crítica em relação com a atitude assumida pelo Vaticano II, atitude que, mais tarde, tomaria várias formas. Uma reprovação inicial, e sempre recorrente, era a da chamada redução da mensagem cristã a um nível simplesmente humano, que punha de lado as suas dimensões espirituais e religiosas. As décadas que se seguiram ao acontecimento eclesial de maior importância nos últimos séculos da história do povo de Deus foram caracterizadas por luzes e sombras.[1]

No memorável discurso de encerramento do concílio (7 de dezembro de 1965),[2] ainda hoje muito atual, Paulo VI, antecipando o que poderia acontecer, decide pegar o touro pelos chifres. As suas palavras sublinham o que chama de "valor religioso do Concílio"; defendendo o caráter positivo e humanista da apresentação da mensagem cristã que não separa o inseparável: o amor a Deus e o amor ao próximo. Especifica:

> Aquela antiga história do bom samaritano foi exemplo e norma segundo os quais se orientou o nosso concílio. Com efeito, um imenso amor

---

[1] De luzes e sombras fala Medellín (Introdução, n. 2) e, mais tarde, também o sínodo romano de 1985, celebrado por ocasião do vigésimo aniversário de encerramento do concílio (Documento final, n. 3).

[2] <http://www.vatican.va/holy_father/paul_vi/speeches/1965/documents/hf_p-vi_spe_19651207_epilogo-concilio_po.html>. [N.T.]

II. A espiritualidade do acontecimento conciliar

para com os homens penetrou totalmente o concílio. A descoberta e a consideração renovada das necessidades humanas – que são tanto mais molestas quanto mais se levanta o filho desta terra – absorveram toda a atenção deste Concílio (n. 8).

Este é um texto profundo e expressivo que será o fio condutor destas páginas.

Nesta nossa análise estabeleceremos uma relação entre o texto de Paulo VI e a sua referência ao Evangelho de Lucas, e aquilo que poderemos considerar como o evento conciliar. Aludo, no caso, ao conjunto constituído por três elementos: *a)* o testemunho e a voz de João XXIII durante a preparação do concílio, na medida em que apresentam algumas intuições que foram depois reelaboradas pelo concílio e outras que não foram aprofundadas nas suas conclusões.[3] No centro de tudo se encontravam, naturalmente: *b)* as constituições e os decretos elaborados e aprovados pelo concílio que aprofundam e atualizam o sentido da mensagem de Cristo, expresso através das "palavras e obras" (*Dei Verbum*, n. 4), renovam os modos de comunicá-la. *c)* Faz parte do acontecimento conciliar também, de certo modo, do ponto de vista da América Latina e do Caribe, a Conferência do Episcopado realizada em Medellín (Colômbia), em 1968, ou seja, apenas três anos depois do concílio, cujo tema foi: "A Igreja na transformação atual da América Latina à luz do concílio". Essa conferência foi a primeira e, em certos aspectos, a única recepção continental da mensagem conciliar, que impregnou as suas conclusões com evidentes repercussões em vários setores da Igreja universal, em particular nos países pobres. Essa recepção foi, em geral, um exemplo de fidelidade criativa.

---

[3] Angelina e Giuseppe Alberigo têm razão quando dizem: "Ao trabalhar sobre João se tem a inebriante impressão de fazer história do futuro" (*Giovanni XXIII. Profezia nella fedeltà*. Brescia, Queriniana, 1978, p. 108).

Nos passos de Jesus

No início do seu discurso (n. 3), o Papa Paulo VI cita um texto do seu predecessor – a quem chama de "autor do Sínodo" – que, na opinião dele, coloca o objetivo do concílio: "Cristo Senhor pronunciou esta frase: procurai em primeiro lugar o Reino de Deus *e a sua justiça* (Mt 6,33). Esta palavra "primeiro" exprime, antes de mais, em que direção devem mover-se os nossos pensamentos e as nossas forças". Essa procura é o coração daquilo que chamamos espiritualidade.

O que se pretende dizer quando se fala de uma espiritualidade do concílio? A palavra espiritualidade recolhe o sentido da tradicional *sequela Christi*; é uma marcha que se alimenta da memória do testemunho de Jesus; a sua meta e o seu significado brotam da busca do Reino e da justiça de Deus. A memória que, como afirma Agostinho, é "o presente do passado", é chamada a uma permanente atualidade. Usamos comumente o termo espiritualidade para indicar a andadura de cada cristão atrás de Jesus. Isso significa, porém, que, embora sendo autêntico, não diz tudo. É importante completar o termo considerando o seu caráter comunitário. Trata-se da caminhada de um povo, de um percurso que fazemos junto com outros, *in ecclesia*, e que se dirige para o Deus do Reino. Nesse sentido, Paulo VI afirmava que devemos considerar o amor pelo ser humano "não como instrumento, mas como primeiro fim que nos leva ao supremo fim transcendente" (Discurso, n. 17). Jesus nos anuncia que encontraremos Deus no nosso itinerário histórico.

O caminho é uma metáfora clássica, de raízes bíblicas, presente na história da espiritualidade, e em particular na mística cristã. No Evangelho de João, Jesus diz que é "o caminho, a verdade e a vida" (Jo 14,6), expressão que, talvez, dá origem ao uso – que não encontramos, pelo menos não do mesmo modo, em outros lugares do Segundo Testamento – que o livro dos *Atos dos apóstolos* faz da palavra para se referir, de modo muito significativo, à comunidade cristã, a Igreja, que por nove vezes chama de "o caminho". Na maior parte das

II. A espiritualidade do acontecimento conciliar

vezes o termo é utilizado sem qualificativos, de modo puro (cf. At 9,2; 19,9.23; 22,4; 24,14.22), em outras ocasiões, porém, se acrescenta uma especificação: "caminho da salvação" (16,17), "caminho do Senhor" (18,25), "caminho de Deus" (18,26).[4] A metáfora do caminho permite falar dos passos feitos em ritmo compassado; mas também das lentidões e obstáculos, de eventuais desvios e de esforços para encontrar o caminho. João da Cruz sabia muito bem disso quando mencionava (e desenhava!) as diversas sendas que levavam ao cume do Monte Carmelo. Precisa-se de tempo, também aqui; é um caminhar que atravessa os diferentes momentos da vida das pessoas e dos povos, que se renovam continuamente. Por vários motivos, a presença inicial desta palavra utilizada para chamar a comunidade eclesial manifesta uma rica intuição que não devemos perder.

A Igreja é o povo de Deus, "povo messiânico" (*Lumen Gentium*, n. 9), que caminha ao longo da história. Nessa marcha, não faltam as horas de incerteza e de solidão. Quando esse processo espiritual é vivido desde dentro de um povo marginalizado – como acontece na América Latina e no Caribe –, interpela-nos o sofrimento do inocente; observam-se duras resistências da parte dos poderes ativos das nossas sociedades; vivem-se dolorosas perplexidades por causa da distância e, às vezes, das incompreensões de importantes setores eclesiásticos, e surge, em momentos, o doloroso sentimento devido à percepção de um Deus ausente de nossas vidas. São situações nas quais, na esteira de Jeremias, somos tentados a dizer a Deus: "Tu és para mim como um córrego intermitente, águas em que não se pode confiar" (Jr 15,18). Mas com o autor das Lamentações, no fim diremos: "Lembrando-me sempre disso, fico abatido no meu íntimo. Mas há algo que revolvo em meu coração e é a razão de minha esperança: devido à misericórdia do Senhor, não fomos consumidos, porque sua

---

[4] A interpretação mais sólida da origem desta expressão tende, de fato, ao caminho enquanto seguimento de Jesus; cf. D. Marguerat. *Les Actes des Apôtres 1-12*. Genève, Labor et Fides, 2007, pp. 326-327; e P. Mallen. *The Reading and Transformation of Isaiah in Luke-Acts*. London-New York, T. & T. Clark International, 2008, p. 72.

compaixão jamais se esgota" (Lm 3,20-22). E continuamos o nosso caminho.

É assim que é preciso compreender a espiritualidade para qual o concílio nos abre. Ela nos recorda que a Igreja, enquanto povo que vive na história, caminha tirando "de seu baú coisas novas e velhas" (Mt 13,52). Exatamente isso a assembleia conciliar fez com lucidez e coragem. Coisas novas e velhas, nesta ordem, não o esqueçamos. Como poder dizer hoje, se perguntava João XXIII, "venha o teu Reino"? Uma visão rígida da mensagem cristã teme a abertura e a resposta, sempre novas, que o Evangelho apresenta às situações que nascem progressivamente ao longo da história. Ela nega os genes e o dinamismo das fontes que alimentam uma verdadeira continuidade e mantêm jovem a mensagem e o testemunho de Jesus. O Vaticano II coloca sem hesitação a Igreja diante do mundo moderno que surgiu nos últimos séculos.

Dado que a tarefa da Igreja consiste em continuar a missão de Cristo – que veio para servir e não para ser servido – através do envolvimento e das vicissitudes da história, é necessário prestar atenção ao que o Senhor nos diz através do devir dela. Por essa razão, o Papa João quis referir-se a uma perspectiva de feitio bíblico para colocar uma marca firme na espiritualidade e na reflexão de muitos cristãos nos anos futuros. Refiro-me ao discernimento dos sinais dos tempos. O Santo Padre quis recordar isso, e o concílio recolheu as suas palavras. Devemos – disse – seguir "os conselhos de Cristo Senhor que nos exorta a interpretar 'os sinais dos tempos' (Mt 16,3)" e, aludindo a algumas circunstâncias da fase preparatória do concílio, acrescentou que "pareceu-nos vislumbrar, no meio de tanta treva, não poucos indícios que dão sólida esperança de tempos melhores para a Igreja e a humanidade".[5] É a análise dos sinais dos tempos que Paulo VI retoma no texto que estamos comentando.

---

[5] João XXIII. Constituição Apostólica *Humanae salutis*, de 25 de dezembro de 1961, n. 4.

II. A espiritualidade do acontecimento conciliar

Este tema faz parte da experiência pessoal de João XXIII,[6] tanto que o leva a escrever no seu *Diário da alma*:

Não é o Evangelho que muda, somos nós que começamos a compreendê-lo melhor. Quem viveu muito tempo e se confrontou no início do século com novos desafios no campo social referentes a todo ser humano; que viveu, como eu, vinte anos no Oriente, oito na França e pode confrontar-se com culturas e tradições diferentes, sabe que chegou o momento de reconhecer os "sinais dos tempos", de colher as suas oportunidades e de mirar longe.[7]

Esta questão se torna um dos eixos do concílio. A *Gaudium et spes* abre a visão panorâmica da "situação do ser humano no mundo de hoje" afirmando que "incumbe à Igreja, em todas as épocas, perscrutar os sinais dos tempos e interpretá-los à luz do Evangelho, para ser capaz de oferecer, de forma apropriada ao modo de ser de cada geração, respostas às eternas perguntas do ser humano a respeito do sentido da vida presente e futura e as relações de ambas" (n. 4).[8]

A questão dos sinais dos tempos é, antes de tudo, uma perspectiva, um modo de tratar os grandes problemas que a tarefa evangelizadora da Igreja tem de enfrentar. Trata-se de uma questão de método, mas devemos procurar despojar o termo da sua rigidez e dos aspectos formais que às vezes são correlatos a ele, a fim de recuperar não só o seu significado de caminhada intelectual, mas também de traço espiritual no qual inspirar-se. Nesta ordem de ideias, e a fim de oferecer um verdadeiro testemunho evangélico, João XXIII propôs à assembleia conciliar fazer o discernimento diante de três

---

[6] Embora noutro contexto, encontramos em João XXIII um uso precoce da expressão "sinais dos tempos": aparece no seu *Diário da alma*, num texto escrito em 1903, o qual demonstra o seu interesse pelo assunto (cf. A. e G. Alberigo, op. cit., p. 124).

[7] "Diário da alma", no n. 494. Sobre a espiritualidade de João XXIII ver F. Zegarra, Juan XXIII: Temas centrales de su teología y su espiritualidad. *Páginas* 225 (mar. 2012), pp. 6-14.

[8] No Vaticano II há outras menções dos "sinais dos tempos". Em *Gaudium et spes*, n. 11, onde se diz que o discernimento deve ser obra do "povo de Deus", e na *Presbyterorum Ordinis*, onde se diz que os presbíteros "estejam dispostos a ouvir os leigos [...] para que, juntamente com eles, saibam reconhecer os sinais dos tempos" (n. 4). Sobre o assunto ver M. D. Chenu, Les signes des temps. In: *Gaudium et Spes. L'Église dans le monde de ce temps*. Paris, Mame, 1967, pp. 95-116.

Pobre para os pobres

situações históricas, três "sinais dos tempos", que poderemos definir como o mundo moderno, o mundo do diálogo ecumênico e o mundo da pobreza. As duas primeiras propostas foram tratadas com lucidez e numa atmosfera de diálogo.[9] A terceira proposta, porém, apesar dos esforços de alguns bispos e teólogos próximos da visão de João XXIII – entre os quais, em particular, o Cardeal Lercaro –, foi apenas esboçada nos documentos finais do concílio. No entanto, foi acolhida pela Conferência do Episcopado de Medellín.

João XXIII, o Vaticano II e Medellín abriram, portanto, um caminho que muitos cristãos, e a Igreja no seu conjunto, percorreram nestes anos, não sem dificuldades e incompreensões, oferecendo um testemunho que, em muitos casos, foi caracterizado pelo sangue do martírio daqueles que se comprometeram com os pobres e os marginalizados da nossa sociedade. Esta é uma confirmação dolorosa do fato de que essas perspectivas pastorais e teológicas não eram questões abstratas.

A antiga história do samaritano

No discurso já mencionado, Paulo VI apresenta a caridade como o fulcro do concílio. Ele afirma que ninguém poderá acusá-lo de "irreligiosidade ou de infidelidade ao Evangelho por essa orientação principal, quando recordamos que é o próprio Cristo que nos ensina que a estima aos irmãos deve ser o caráter distintivo dos seus discípulos (cf. Jo 13,35)" (Discurso, n. 7).

A menção da história do samaritano é reveladora (cf. Lc 10,29-37) porque indica como viver o seguimento de Jesus.[10] O gesto do

---

[9] "Não podemos descuidar uma observação capital no exame do significado religioso desse concílio: ele esteve vivamente interessado pelo estudo do mundo moderno" (Discurso, n. 6).

[10] Coloca-se em discussão a condição de parábola desse trecho porque, para ser exato, não é uma comparação e porque não parece fazer alusão ao Reino de Deus. Realmente, é muito singular. Apesar disso, embora o Reino não seja mencionado explicitamente, o testemunho do samaritano com o seu serviço ao próximo, ao pobre e ao marginalizado, denuncia a sua presença na cotidianidade da história humana. Portanto, pode ser considerado como um "relato exemplar", um gênero que se encontra também em outros lugares do Evangelho de Lucas.

samaritano deve inspirar a prática da caridade nos discípulos de Jesus. Este relato marcou fortemente a memória cristã e inspirou muitas obras de arte. Nele se mostra a supremacia do outro e a necessidade de abandonar o seu caminho para ir ao encontro dele; esta é uma das linhas de força da mensagem de Jesus. Embora esta seja a atitude a ter em relação a toda pessoa, ele se torna ainda mais exigente no caso daqueles que vivem numa situação de marginalização social. Trata-se de um texto estreitamento ligado àquilo que o sentido da cena do juízo final contada por Mateus 25 indica. É a esta mesma ligação que Paulo VI faz alusão no seu discurso.

A parábola é contada depois de um diálogo sobre o amor a Deus e o amor ao próximo que leva o doutor da lei a perguntar a Jesus: "Quem é o meu próximo?". A resposta que ele recebe não é uma definição conceitual, mas um relato de motivações, o relato de uma pessoa ferida por mão humana e de três personagens dos quais apenas um se aproxima para ajudá-lo. No final, Jesus apenas volta a fazer a pergunta inicial, com um movimento que oferece a chave para entender o significado da parábola: "Quem destes três se tornou o próximo daquele que caiu nas mãos dos assaltantes?". O doutor da lei respondeu que foi o samaritano, ou seja, aquele que se aproximou e ajudou o homem necessitado e maltratado *fazendo-se* assim o seu próximo, próximo do outro. Somos convidados a tomar consciência do fato que o próximo não é aquele que está perto de nós, mas é aquele de quem nos aproximamos. Fazer com que o próximo seja o outro quer dizer aproximar-se do ferido, coisa que os dois primeiros viajantes não fizeram, mas apenas o samaritano, porque só ele foi afetado pela situação e abandonou o seu caminho para cuidar do ferido.[11] O Evangelho de Jesus consiste, precisamente, no chamado a abandonar o universo focalizado no eu egocêntrico, no verdadeiro sentido do termo, e deste modo entrar no mundo do outro, do tu. Isso vale para as pessoas, mas vale também para a comunidade cris-

---

[11] É conhecida a atitude positiva de Lucas para com os samaritanos; ver, por exemplo, o relato do "bom samaritano" que agradece a Jesus pela cura recebida em Lc 17,18.

tã. Como diz o Papa Francisco, é preciso pôr "a Igreja em movimento de saída de si mesma, de missão centrada em Jesus Cristo, de entrega aos pobres" (*Evangelii gaudium*, n. 97).

A pergunta de Jesus realiza um deslizamento: o eixo da pergunta é deslocado, e aquele que estava à beira do caminho se torna o centro da pergunta. O cerne do evento agora não está mais no *eu* daquele que perguntava ("o *meu* próximo"), mas se encontra no *tu* daquele que foi maltratado e esquecido (fazer-se próximo do ferido). É com respeito a ele que se define a atitude dos três viajantes (o sacerdote, o levita e o samaritano); a condição daquele que foi vítima do furto e dos maus-tratos definirá o sentido da "proximidade". Passamos do nosso mundo para o mundo do outro e este movimento constitui o núcleo da parábola. Os dois primeiros viajantes não se fizeram próximos do ferido, mas o samaritano, sim, solidarizou-se com ele. A proximidade não é uma simples vizinhança física ou cultural, mas é o resultado de um gesto, de uma escolha. Este deslizamento, que se assemelha a uma revolução copernicana, é a inversão de dois mundos: o mundo do legista (ou seja, o mundo do *eu*), que cede lugar ao mundo da pessoa agredida (o mundo do *tu*, do outro). E isto, num Evangelho como o de Lucas, atento às viragens históricas provocadas pelo Messias – manifestações da chamada "inversão messiânica" –, é particularmente significativo.

Por conseguinte, além das aparências, narrativamente falando, o personagem chave do relato não é o samaritano, e sim aquele que o texto chama "um homem" (Lc 10,30), isto é, a vítima, o indefeso, sem nome nem qualificação. Não se diz nada dele; é um personagem anônimo e "insignificante", ignoramos se pertencia ao povo hebreu ou ao povo samaritano; não sabemos qual seria o seu ofício nem o que fazia naqueles lugares. Ele é "o outro" e é em função dele que serão definidos todos os outros personagens da narrativa. A sua condição de homem espancado e abandonado interpela aqueles que se encontram mergulhados nas vicissitudes humanas cotidianas, enquanto se deslocam de um lugar para outro.

II. A espiritualidade do acontecimento conciliar

Todos os outros atores do relato são, ao contrário, designados através da sua identidade religiosa ou da sua colocação na sociedade. É assim também para o estalajadeiro e até para os assaltantes... O anonimato e a nudez social da vítima manifestam a sua insignificância; ele permanece apenas uma aparência: a sua humanidade, o seu rosto, que, como diz Lévinas, parecia dizer: "não me deixe morrer". A sua presença é transversal à narração, tudo gira em redor dele. É a partir da beira do caminho, onde está a pessoa vexada e "semimorta", evitada por uns e considerada por outro; a partir da crueldade e da injustiça da sua condição, que é preciso ler todo o texto e, talvez, também nas nossas próprias vidas. O caminho pode perfeitamente ser a imagem desta vida de cada dia, na época e nos dias de hoje. É ao longo da rua que cruzamos com os outros, continuamente, pessoas conhecidas e desconhecidas; quando se trata de pobres – e de marginalizados por variadas razões –, muitos adotam a atitude do sacerdote e do levita, mas há também aqueles que se comportam como o samaritano: abandonam o seu caminho para aproximar-se.

O relato nos convida a mudar de orientação e assumir tudo o que implica levar uma vida verdadeiramente humana e crente. Ademais, a parábola nos faz entender que é preciso ir além do compatriota, daquele que é próximo de nós por razões étnicas, culturais ou religiosas, para cuidarmos do necessitado, qualquer que seja a sua condição social ou religiosa, não estando ninguém excluído. Trata-se de uma universalidade que nos interroga, que vai além dos compartimentos estanques, mas que, ao mesmo tempo, indica a prioridade daqueles que sofrem marginalização e injustiças.

O próximo não é a pessoa que encontramos nas nossas paragens ou no nosso caminho, mas é aquele com quem nos encontramos à medida que abandonamos o nosso caminho e entramos no do outro, no seu mundo. Trata-se de tornar próximo aquele que está longe, aquele que não se encontra no nosso âmbito geográfico, social ou cultural. Para sermos exatos, podemos dizer que *não temos* próximos, nós os *fazemos* mediante iniciativas, gestos e compromissos que nos tornam próximos daquele de quem estamos longe. O próximo é aquele que "se mostrou" como tal. É assim, de fato, que se deveria traduzir a forma verbal *gegonemai* (Lc 10,36). Aproximar-se do outro comporta um efeito duplo: nós nos tornamos próximos e o outro se torna o nosso próximo; é um caminho de ida e volta. A proximidade implica reciprocidade, nasce quando reconhecemos a dignidade humana de alguém, o fato de ser o nosso semelhante e nossa irmã ou nosso irmão. Por isso Lévinas chama a proximidade de "alteridade aceita".

O que motiva o samaritano é a compaixão – no sentido original de compartilhar o sofrimento do outro – que sente ao ver o ferido; Lucas exprime isso com grande clareza ao dizer que o samaritano "teve compaixão dele" (Lc 10,33). No texto grego, essa "compaixão" é expressa de modo ainda mais dramático e forte: *esplagkhnisthê* – "suas vísceras fremiram" –, formulação que retoma uma nuança do original hebraico.

Trata-se de um sentimento profundamente humano que manifesta uma grande sensibilidade – tanto que às vezes inclui consequências físicas – diante da dor da pessoa agredida. Afirmar isso significa levar a compreender que, numa perspectiva evangélica, o elemento religioso está profundamente ancorado no humano. Sem uma proximidade afetiva, sem amizade com o pobre e o marginalizado, não há solidariedade com ele. No caso, exatamente porque o samaritano tomou sobre si a situação dolorosa da pessoa maltratada, foi capaz de agir corretamente.[12]

A parábola nos fala de uma "proximidade" que encerra os sinais de acolhida, ou seja, da hospitalidade, tema intenso e frequente na Escritura. O samaritano, abandonando o seu caminho, o seu mundo, entra na vida do ferido, um estranho, o outro; torna-se o seu hóspede porque, por sua vez, o hospeda na sua vida. Um gesto que se prolonga

---

[12] É o que Lévinas chama de "vulnerabilidade". Diz ele: "Apenas um eu vulnerável pode amar o seu próximo" (*De Dieu qui vient à l'idée*. Paris, Vrin, 1982, p. 146).

II. A espiritualidade do acontecimento conciliar

ao confiá-lo aos cuidados do estalajadeiro, tornando-o participante da sua hospitalidade. A hospitalidade pressupõe, também, a reciprocidade.[13] A hospitalidade não faz desaparecer a personalidade do hospedado no nosso mundo, mas implica antes o fato de respeitá-lo na sua alteridade e de enriquecer-se com ela. O Deus da Bíblia aloja-se na nossa história, é o Emanuel e, nesse mesmo movimento, nos torna hóspedes do seu Reino. A comunidade cristã, a Igreja, dá e recebe a sua presença no mundo, e o concílio acentua frequentemente esse conceito.

A parábola do samaritano põe em evidência a supremacia do outro no comportamento daquele que segue Jesus: ser discípulo quer dizer agir e amar como ele. "Amai-vos uns aos outros como eu vos amei", disse o Senhor (Jo 15,12). Agir como o samaritano quer dizer fazer-se próximo daquele que sofre e é marginalizado. Não esqueçamos, ademais, que o samaritano não só teve compaixão, mas praticou a misericórdia, a última palavra de Jesus ao escriba – e, através dele, a nós – é: "Vai e faze tu o mesmo" (Lc 10,37). É um envio em missão, que equivale a dizer "dá a vida, pratica a misericórdia" – sem negociações – no sentido melhor e mais original do termo, ou seja, de colocar o seu coração, através de gestos concretos, no cuidado do miserável, do indefeso. Isso vale também, de qualquer maneira, para o conjunto dos discípulos do Senhor, ou seja, para a Igreja.

O concílio nos convida a tornar nossa a "antiga história do samaritano", como afirma Paulo VI. Quer dizer, adotar uma espiritualidade, um "caminhar segundo o Espírito" (cf. Rm 8,4). É esse o testemunho de Oscar Romero e de muitos outros nestas últimas décadas, e é exatamente para ela que o Papa Francisco nos convoca ao enfatizar o tema central da misericórdia. É nesse âmbito que se coloca a Conferência de Aparecida quando fala de uma Igreja samaritana.

---

[13] É significativo que a palavra "hospedeiro", que designa a pessoa acolhida ("hóspede"), indique também a pessoa que acolhe. Os termos têm a mesma origem latina: *hospes*.

Uma Igreja samaritana

O modelo de espiritualidade que inspira a parábola do samaritano põe à luz o serviço que a Igreja, o povo de Deus, deve dar à humanidade recordando, em particular, os últimos da sociedade. A história do samaritano apresenta um caminho que todo cristão, bem como a Igreja no seu conjunto devem assumir. Trata-se da disposição de pôr em prática a solidariedade para com pessoas necessitadas, quaisquer que sejam. Também é preciso estar prontos para sair do seu caminho, como fez o samaritano. Paulo VI diz isso de maneira muito clara. Depois de ter feito algumas considerações acerca do concílio, ele afirma: "Toda esta riqueza doutrinal orienta-se apenas a isso: servir o homem, em todas as circunstâncias da sua vida, em todas as suas fraquezas, em todas as suas necessidades" (Discurso, n. 13). No seu discurso de abertura da segunda sessão conciliar, o papa acentua também: "Saiba com certeza o mundo" que a Igreja "é movida pelo genuíno propósito não de dominá-lo, mas de servi-lo" (n. 8).

Nos anos conciliares, falou-se com insistência de uma Igreja pobre e servidora. Contudo, como já observamos, o tema da Igreja dos pobres, nos documentos finais do concílio, não teve a presença desejada por um bom número de pessoas que tomaram parte dessa assembleia. A atenção da maioria conciliar se concentrou, sobretudo, nas outras duas intuições de João XXIII: a presença no mundo contemporâneo e o diálogo ecumênico, exprimindo, nesses âmbitos, pontos de vista extremamente interessantes e fecundos. Ao contrário, a relação entre Evangelho e pobreza, entre anúncio do Reino e pobres, mesmo não tendo tido grande eco no concílio, foi retomada em Medellín, que quis adotar a proposta do Papa João acerca da pobreza, de modo a basear os seus trabalhos exatamente no desafio pastoral e teológico que esse tema levanta.

A colocação em prática dessa exigência evangélica teve uma série de vicissitudes, de ir e vir, de apoios e resistências, mas, de qualquer forma, nunca esteve ausente na vida da Igreja do nosso continente.

II. A espiritualidade do acontecimento conciliar

Embora não esteja presente nas devidas dimensões, nem sempre a partir das instâncias em que poderemos esperar, não podemos, de qualquer modo, dizer que, nos países pobres especialmente, o que foi proposto pelo concílio e por outros importantes textos sobre a solidariedade para com os marginalizados, por várias razões, não esteve fortemente presente nestes anos. No entanto, resta ainda muito por fazer. O caminho percorrido é confirmado e sustentado hoje pela palavra decidida do Papa Francisco, que quer "uma Igreja pobre para os pobres" (*Evangelii gaudium*, n. 198).

É a este serviço que tende a opção preferencial pelos pobres, proposta e compromisso que tem suas raízes na Sagrada Escritura e que reconhece como suas fontes contemporâneas o que nasce do sofrimento e da exclusão em que vivem os pobres, sem esquecer as palavras de João XXIII, pronunciadas um mês antes do concílio: "Para os países subdesenvolvidos, a Igreja se apresenta como é e como quer ser, como Igreja de todos, em particular como a Igreja dos pobres" (Radiomensagem de 11 de setembro de 1962). Universalidade e preferência do amor de Deus que se dirige a toda pessoa sem exceções e, ao mesmo tempo, afirma o lugar prioritário dos marginalizados e dos oprimidos numa visão cristã. A fidelidade ao testemunho de Jesus significa ter estas duas dimensões simultaneamente: elas se alimentam e se condicionam reciprocamente.[14]

A Conferência do Episcopado em Aparecida, em 2007, adotou uma posição clara com respeito aos pontos dos quais estamos tratando. Ela insistiu na compreensão cristológica da opção preferencial

---

[14] Recordamos que o termo *preferência* é entendido com respeito à universalidade do amor de Deus; no âmbito deste amor há a inevitável prioridade da solidariedade com os pobres e com os marginalizados da sociedade. Especifica-se assim – concretamente – o que se entende com o termo universalidade. É errado, portanto, extrapolar esta palavra do contexto de uma evidente exigência evangélica e considerar que se refira a um compromisso que se pode adotar ou não. É uma opção que faz parte da fidelidade ao "amai-vos uns aos outros como eu vos amei" (Jo 15,12); um amor sem fronteiras no qual "os últimos serão os primeiros" (Mt 20,16). É uma opção "não opcional" (M. Díaz Mateos. El grito del pobre atraviesa las nubes [*Eccl.* 35,21]. In: *El rostro de Dios en la historia*. Lima, CEP, 1996, p. 146).

pelos pobres,[15] fazendo do samaritano uma figura emblemática para exprimir a tarefa de evangelização e de humanização da Igreja. A conferência afirma: "Iluminados pelo Cristo, o sofrimento, a injustiça e a cruz nos desafiam a viver como *Igreja samaritana* (cf. Lc 10,25-37)" (DAp, n. 26); ou, noutros termos, a serviço dos últimos e dos esquecidos; e continua seguindo o exemplo do texto de Lucas: "recordando que a evangelização vai unida sempre à promoção humana e à autêntica libertação cristã" (ibid.). Dar testemunho do Evangelho significa compartilhar a alegria da presença do amor de Deus nas nossas vidas.[16] Esta é a Boa-Nova do amor gratuito de Deus, que pede que nos empenhemos na promoção da justiça, na libertação de todo tipo de opressão e na comunhão com o Deus da vida. Trata-se do amor a Deus e ao próximo, que constituem uma só realidade. É claro, falamos de amor gratuito, não como algo arbitrário, mas no sentido de não motivado pelos méritos éticos e humanos em geral, mas antes pela sua simples existência e necessidade, como no caso do ferido da parábola anterior. É nesse contexto que se coloca a afirmação de João: "Deus nos amou primeiro" (1Jo 4,19); é ele quem toma a iniciativa.

Esta abordagem dá solidez às suas conclusões, e Aparecida insiste neste aspecto em muitos outros pontos. Em sintonia com Paulo VI, afirma que responder a Jesus que nos chama a seguir os seus passos "exige entrar na dinâmica do Bom Samaritano (cf. Lc 10,29-37), que nos dá o imperativo de nos fazer próximos, especialmente com quem sofre, e gerar uma sociedade sem excluídos, seguindo a prática de Jesus" (DAp, n. 135).[17] "Tornar-nos próximos" significa tomar a iniciativa de nos aproximarmos do outro, como vimos na parábola,

---

[15] Cf. Aparecida, n. 392, que assume e comenta o que Bento XVI disse nessa assembleia.

[16] "Saber que o Senhor nos ama, acolher o dom gratuito de seu amor é a fonte profunda da alegria daquele que vive da Palavra. Comunicar essa alegria é evangelizar. É comunicar a Boa-Nova do amor de Deus que mudou nossa vida" (G. Gutiérrez, Praxis de liberación y fe Cristiana. In: R. Gibellini [ed.]. *La nueva frontera de la teología en América Latina*. Salamanca, Sígueme, 1977, pp. 13-40).

[17] O texto continua: "come com publicanos e pecadores (cf. Lc 5,29-32), que acolhe os pequenos e as crianças (cf. Mc 10,13-16), que cura os leprosos (cf. Mc 1,40-45), que perdoa e liberta a mulher pecadora (cf. Lc 7,36-49; Jo 8,1-11), que fala com a samaritana (cf. Jo 4,1-26)".

II. A espiritualidade do acontecimento conciliar

ou seja, "ir, como bons samaritanos, ao encontro das necessidades dos pobres e dos que sofrem e criar as estruturas justas que são uma condição sem a qual não é possível uma ordem justa na sociedade",[18] a fim de que o nosso continente seja "a nossa casa comum" (DAp, n. 537). Noutro ponto, com respeito à tarefa de evangelização e à opção preferencial pelos pobres, Aparecida fala "do amor apaixonado por Cristo [...] ardente e infatigável em sua caridade samaritana" (DAp, n. 491). Esta caridade samaritana é a alma da espiritualidade que o concílio propõe, um amor que deve conferir força e profundidade à realização da justiça e ao respeito pela dignidade humana de cada pessoa.

A expressão "Igreja samaritana" não é apenas evocativa, mas enfatiza, também, os percursos a seguir para anunciar a presença inicial do Reino de Deus na história. A partir de Medellín, e inspirados pelo Vaticano II, muitos no continente adotaram essa atitude. Compreendeu-se que a proclamação da Boa-Nova, destinada a toda pessoa, leva à solidariedade prioritária com os pobres e os oprimidos e rejeita a situação de injustiça na qual eles vivem, dado que é contrária ao desígnio do Deus amor. Esse processo desemboca na prática do povo de Deus que, recolhida nas conclusões da Conferência de Aparecida, adquire um novo impulso e se abre a novas perspectivas.

A supremacia do outro – e ninguém representa mais claramente esta condição do que o pobre e o marginalizado – é um elemento crucial da palavra libertadora do Evangelho. A opção solidária pelo esquecido e pelo maltratado implica colocar-se no seu caminho, torná-lo nosso hóspede, vê-lo não apenas como necessitado e vítima, mas também como semelhante, por muito diferente que possa ser. No pleno respeito pelo seu direito de ser agente da sua história, fazendo nossas as suas reivindicações pela justiça e a sua aspiração a uma vida mais humana, sigamos o aviso de Paulo: "Acolhei-vos uns aos outros, como Cristo vos acolheu para glória de Deus" (Rm 15,7).

---

[18] Bento XVI. *Discurso Inaugural de Aparecida*, n. 4 (DAp, p. 238).

De fato, o fundamento último e a referência decisiva para a conduta do cristão é o seguimento de Jesus.[19]

Partindo do mundo do pobre, indo aproximar-se do outro sem longos rodeios para evitar encontrar-se frente a frente com a injustiça e o sofrimento que os pobres sofrem, podemos compreender as diferentes dimensões da opção preferencial pelos pobres: espiritual, teológica e evangelizadora. Vivê-las, na sua complexidade e interação, pressupõe aquilo que o Evangelho chama de conversão, *metanoia*. Na Bíblia, isso significa abandonar um caminho para enveredar por outro. Nesse caso, é a via – e o mundo – do pobre, com toda a sua complexidade e sua exigência de fidelidade à palavra de Jesus. Este é o ponto de partida e a condição indispensável para aceitar o Reino de Deus e caminhar nos passos de Jesus, o Cristo, que proclamou o Reino e chamou a converter-se e a crer na Boa-Nova (cf. Mc 1,15). Por esta razão é que a parábola do bom samaritano foi definida como "parábola de conversão".[20]

Paulo VI especifica e estrutura nos parágrafos finais do seu discurso o sentido último do modelo de espiritualidade inspirado pela antiga história do samaritano: no encontro com o pobre e o marginalizado ocorre o encontro com Jesus. "No rosto de cada homem, especialmente se se tornou transparente pelas suas lágrimas e pelas suas dores, podemos e devemos reconhecer o rosto de Cristo (cf. Mt 25,40)" (Discurso, n. 16). O texto de Mateus torna ainda mais evidente e eloquente o gesto do samaritano em relação ao necessitado. Desse modo, a chamada "redução ao elemento puramente humano" – que o concílio teria feito – perde sentido. A valorização da história e o serviço à humanidade fazem parte de uma espiritualidade que conduz para o Deus do Reino: "O nosso humanismo se faz cristianismo, e o nosso cristianismo se faz teocêntrico; tanto que podemos igualmente

---

[19] Conceito explicado por B. Häring no seu livro *A lei de Cristo*, que, reatando com as perspectivas bíblicas, renovou a teologia moral há algumas décadas.

[20] J. Delorme. *Au risque de la parole*. Paris, Seui, 1991, p. 231, n. 30.

II. A espiritualidade do acontecimento conciliar

enunciar: para conhecer Deus é preciso conhecer o homem" (ibid.). Nisso consiste o verdadeiro teocentrismo conciliar.

Nestas afirmações reconhecemos um significado profundo daquilo que definimos "o acontecimento conciliar". O concílio fornece assim um modelo de conduta da qual tirar inspiração: uma conduta pessoal e comunitária, profundamente evangélica, que não perdeu nada do seu vigor, mas que se mantém aberta e fonte de inspiração. Encontramo-nos diante de uma espiritualidade, de um "estilo de vida",[21] de um caminho que merece ser percorrido.

---

[21] "Los cristianos se caracterizan por un comportamiento, por *un estilo de vida*. [...] una manera de pensar y de actuar; un modo de vivir en una palabra" (G. Gutiérrez. *Beber en su propio pozo*. Lima, CEP-IBC, 1983, p. 123). É uma caminhada sobre os passos de Jesus.

III. Pobreza: o desafio da fé, por Josef Sayer

A amizade entre Gustavo Gutiérrez e Gerhard Ludwig Müller floresceu no contexto dos pobres.

Mas que relação pode haver entre camponeses pobres dos Andes peruanos e o cardeal prefeito da Congregação para a Doutrina da Fé? Quem não se maravilharia diante de uma pergunta tão curiosa? No entanto, é exatamente a resposta a esta pergunta que nos faz compreender quanto o atual prefeito se distingue dos seus predecessores. É resposta que suscita admiração e que, ao mesmo tempo, é muito simples.

Foi Gustavo Gutiérrez quem uniu Gerhard Ludwig Müller aos camponeses do Peru. Sem Gutiérrez e a sua Teologia da Libertação, Müller nunca teria ido até os camponeses das comunidades Choquecancha, Cachin, Kacllaraccay, Chejani e a tantas outras nas remotas regiões andinas de Cuzco, Ayaviri, Puno, Juli ou de Huaraz. Sem ele e a sua Teologia da Libertação, Müller não teria sequer ido aos bairros pobres de Lima, La Paz ou São Paulo. Nunca teria mergulhado de

III. Pobreza: o desafio da fé

modo tão coerente e duradouro na difícil vida dos camponeses, uma vida de extrema miséria entre os 3.000 e 4.300 metros de altitude, onde a água para beber só se encontra nos riachos, onde não existem serviços de higiene e a alimentação não é balanceada, estando baseada apenas em milho e batata; onde não existe possibilidade de ter acesso aos cuidados sanitários dignos deste nome, onde não há energia elétrica e onde, nas aldeias mais distantes, existe, talvez, duas classes de escola primária, que, depois de frequentadas, pode-se dizer que a educação escolar está concluída. As intuições da Teologia da Libertação, assim como foi desenvolvida por Gutiérrez, levaram o professor de Dogmática na Universidade de Mônaco a passar até dois meses de férias para uma intensa partilha dessa vida em condições de extrema miséria. Experiência nevrálgica esta de um professor proveniente da Alemanha e que mergulhou na cultura e na fé em Deus dos camponeses ou dos habitantes dos bairros pobres das metrópoles.

Müller experimentou assim que, para compreender a realidade dos pobres, não basta estudar livros ou analisar estatísticas sobre os pobres e, mais em geral, sobre a pobreza. Para compreender melhor o Evangelho e o próprio Jesus Cristo, ele desembarcou com coerência no mundo dos pobres. Como chegou a essa decisão?

Nos anos 1980, a Teologia da Libertação de Gutiérrez despertou o interesse dos professores de Teologia nos países de língua alemã e, entre eles, de Gerhard Ludwig Müller, jovem professor de Dogmática em Mônaco. O singular é que, olhando aquela década com os olhos de hoje, nesse tempo a Congregação para a Doutrina da Fé também se ocupava com a Teologia da Libertação de Gutiérrez. A controvérsia chegou a tal ponto que a própria Conferência dos Bispos do Peru foi obrigada a dirigir-se a Roma para uma reunião especial com o então prefeito da congregação. Registre-se que o debate sobre a Teologia da Libertação não estava limitado exclusivamente à Igreja peruana. Na Igreja latino-americana, ao lado dos que apoiavam Gutiérrez, encontramos também dentro da hierarquia diversos opositores que atacaram com veemência a sua Teologia.

Nesse turbulento contexto, em 1988, Gerhard Ludwig Müller participa de um seminário de pesquisa de cinco semanas para professores de Teologia de língua alemã sobre Teologia da Libertação, no Peru. A programação e a organização do seminário foram confiadas a Albert Biesinger e Thomas Schreijäck, ambos então em Salzburg, e a mim, na época pároco numa comunidade de um bairro pobre de Lima. Por causa da minha longa experiência pastoral nas regiões andinas do Peru e da amizade com Gustavo Gutiérrez, conseguimos convencer ele e as várias equipes comprometidas com a pastoral a participar do seminário de pesquisa. Seguindo o método clássico das conferências gerais do episcopado da América Latina e da Teologia latino-americana – ver, julgar, agir –, começamos com quatorze dias de partilha, em dois ou três, nas comunidades dos camponeses nos Andes ou nos bairros pobres nas grandes cidades. A isso se seguiu uma semana de reflexão: as experiências eram postas em comum e compartilhadas, tornando-se objeto de reflexão do ponto de vista teológico. Eram experiências que nasciam da partilha das condições de vida dos pobres, ligadas à pastoral nos diversos âmbitos e às condições sociais marcadas pela violência estrutural e política, sobretudo a violência da então chamada "guerra suja" e que via em ação os terroristas marxistas-maoístas do Sendero Luminoso e o terrorismo de Estado com a sua reação não menos brutal para os pobres.

A esse período de preparação tão intenso seguiu-se uma semana de reflexão teológica com Gustavo Gutiérrez. Na ótica de hoje, esse seminário de pesquisa foi um dos acontecimentos teológicos mais surpreendentes: dezessete docentes de Teologia de língua alemã tiveram a oportunidade de participar, por uma semana, das relações do teólogo da libertação Gutiérrez, que, note-se bem, não era sequer professor na universidade, e de com ele discutir. Uma semana única para aprender, ensinar, compreender.

Essa semana junto com Gutiérrez marcou muito Müller. E não só, ele ficou tão impressionado, que estabeleceu o início de uma longa amizade. Além disso, foi afetado pela extraordinária qualidade da Teologia da Libertação de Gutiérrez. Por essa experiência, Müller compreendeu que a Teologia da Libertação não se limita a uma discussão teológica e teórica. A Teologia da Libertação tem concretamente a ver com a dura vida dos pobres e com as causas que provocam a pobreza. Tudo isso deve ser considerado à luz da fé. Nesse sentido, os pobres não são simplesmente o objeto da reflexão teológica. Os resultados da reflexão teológica sobre a vida concreta e sobre a situação de pobreza, a partir da perspectiva da fé, são levados à própria vida de uma comunidade e feitos objeto de reflexão junto com ela. Neste círculo teológico, reflexão-práxis-reflexão, chega-se também a uma realidade fundamental para o cristão, assim como aprendemos de Gutiérrez. Segundo a sua espiritualidade da Teologia da Libertação, para se tornarem seguidores e discípulos de Cristo, é preciso serem capazes de tornar seu o mundo dos pobres e entrar em amizade com os próprios pobres. Isto inclui uma nova qualidade da Teologia.

O que nos afetou de modo particular foi o fato de que Gutiérrez prevenia contra a romantização da pobreza. A pobreza não faz bem. Pelo contrário: a pobreza, pelas tantas situações extremas e difíceis de emergência, é causa de conflitos nas famílias, nos grupos e nas comunidades. Os pobres não são melhores do que os outros. Na interpretação da opção pelos pobres, Gutiérrez insiste no fato que os pobres são os preferidos por Deus não porque eles sejam bons, mas porque *Deus* é bom. *Deus dá gratuitamente* o seu amor, sobretudo a quem é negada uma vida digna de ser vivida.

Um fato que muitos desconhecem é que, como foi dito, Gutiérrez não teve nenhuma cátedra de Teologia em nenhuma universidade. Estudou Teologia em diversas universidades na Europa e por isso tem muita familiaridade com a Teologia europeia e, sobretudo, com os acontecimentos do Concílio Vaticano II. Desenvolveu a sua abordagem teológica específica a partir do trabalho pastoral e da consequente reflexão no contexto peruano e latino-americano dos anos 1960 e 1970 e em relação com as conferências gerais dos bispos latino-americanos em Medellín e Puebla. Formulou o nome "teologia da libertação" em 1968, quando foi convidado para uma relação sobre o tema "teologia do desenvolvimento". Gutiérrez estava convencido de que, a partir da realidade social da América Latina e das precárias condições de vida dos pobres, ou seja, da maioria da população do continente "católico", não se poderia falar de "desenvolvimento" segundo o conceito de "desenvolvimentismo", muito em voga naquele período. No sentido de Jesus Cristo e do seu Evangelho, na situação latino-americana, devia-se falar antes de "libertação" e fazer a pergunta fundamental: Como se pode falar aos pobres do amor de Deus diante da miséria e da injustiça? Gutiérrez desenvolveu os conceitos básicos dessa relação no livro *Teología de la liberación* (1971), que se tornará a marca registrada de todo um movimento teológico.

Os participantes do seminário de pesquisa, durante as reuniões de preparação, por dois semestres antes da viagem ao Peru, haviam tido, entre outras coisas, a possibilidade de ler e debater sobre o livro de Gutiérrez. As exposições de Gutiérrez e as discussões com ele nos levaram apenas ao que era então o *status quaestionis*. Nós nos perguntávamos também como era possível chegar a fazer acusações a Gutiérrez e a sua Teologia. Nas discussões entre nós chegamos à conclusão de que para muitos, sobretudo nas esferas da hierarquia latino-americana, não se tratava de uma discussão teológica ou de querer esclarecer alguns problemas teológicos. Parecia-nos antes que a Teologia da Libertação era instrumentalizada em nível de política eclesial e em posições pessoais no clima tenso daquele período em razão do conflito entre o Leste e o Oeste do mundo. Evidentemente, os conflitos geopolíticos não podiam ser escondidos. Tomávamos como exemplo o chamado Relatório de Santa Fé, encomendado pelo presidente dos Estados Unidos Ronald Reagan, que em 1980 chegou à conclusão de que a Teologia da Libertação e a "Igreja latino-americana" não só devem ser atentamente observadas, mas também ativamente combatidas, porque contrárias aos interesses da política externa dos Estados Unidos na América Latina: isto demonstra

III. Pobreza: o desafio da fé

claramente também o fundo político da discussão sobre a Teologia da Libertação.

O debate dentro da Igreja esteve também presente na Conferência Geral dos Episcopados da América Latina em Puebla. Gustavo Gutiérrez também participou dessa conferência e esteve particularmente ativo na redação daqueles textos que tratavam da opção pelos pobres. E é exatamente na opção pelos pobres que Gutiérrez vê o coração da Teologia da Libertação e de uma Igreja que na América Latina estava tentando pôr em prática o Concílio Vaticano II e dar uma resposta ao desejo de João XXIII de uma "Igreja dos pobres".

Essa Teologia de Gutiérrez, libertadora no sentido do Evangelho, estava situada e enraizada na práxis do trabalho pastoral numa comunidade de um bairro pobre de Lima, onde trabalhava como pároco. A luta das famílias pela sobrevivência cotidiana e contra a morte "prematura", sobretudo das crianças pequenas, os efeitos da injustiça estrutural e da violência estrutural, que João Paulo II definirá mais tarde como "pecado estrutural", influem na teologia de Gutiérrez. A sua insistência na "morte antes do tempo" era uma aquisição amadurecida no seu estudo da história colonial e da Teologia de Bartolomeu de Las Casas. Na releitura do Evangelho de Jesus Cristo, a partir da experiência social concreta numa situação colonial e da lembrança do Deus da Bíblia, Las Casas chega à sua profética acusação da crueldade da Conquista, que significou uma "morte prematura" para inumeráveis indígenas.[1] A Teologia da Libertação de Gutiérrez, como muitas vezes se pensa superficialmente, não é violência revolucionária influenciada, por exemplo, pela ideologia foguista dos anos 1960, ou pela revolução cubana ou pelo sandinismo. Ele fala do anúncio do *Deus da vida*, fala de uma vida digna para todos, na medida em que todos somos filhos de Deus. Por isso se ocupou também com a história da opressão colonial e com suas consequências até os nossos

---

[1] Cf. G. Gutiérrez. *Die Historische Macht der Armen*. München-Grünewald-Mainz, Kaiser, 1984; Id. *En busca de los pobres de Jesucristo. El pensamiento de Bartolomé de Las Casas*. Lima, Instituto Bartolomé de las Casas, 1992.

dias. A sua Teologia, como a de Las Casas e outros teólogos, encontra fundamento na *ação libertadora de Deus na Bíblia*.

Gutiérrez, que não pertence à camada superior branca e que leva em si também raízes indígenas, foi sensível ao racismo que na sociedade peruana existe em relação às populações indígenas, sobretudo nos Andes e na região amazônica. A marginalização deles e a dos pobres nas periferias das grandes cidades são a sua principal preocupação. Como Gutiérrez não se cansa de repetir, os pobres são os "insignificantes" de uma sociedade caracterizada por uma economia neoliberal. Os pobres não são sequer utilizados, eles são "lixo", "imundície", assim como disse o Cardeal Bergoglio em Aparecida e depois repetiu como Papa Francisco. Gutiérrez, nas suas preleções, sempre nos recordou as encíclicas sociais dos papas. Verificamos como essas encíclicas têm um papel importante na América Latina e na Teologia da Libertação, sobretudo em comparação com o que acontece na Alemanha, onde, com certo distanciamento de Roma, mal são levadas em consideração.

É óbvio que exatamente G. L. Müller retome numa atenta e comprometida consideração desses aspectos, ele que provém de uma família de operários: o seu pai trabalhava na esteira de montagem da Opel. A sua família conheceu a miséria e as privações do pós-guerra. O Bispo Ketteler e o seu compromisso pelos pobres estavam presentes na formação do clero de Mainz.

A história da sua família certamente facilitou Müller no seu envolvimento completo com a situação dos camponeses nos Andes. O que marcou de modo particular era o fato de que Müller compartilhava a vida simples dos camponeses nas aldeias perdidas da minha paróquia andina de Lares, onde eu então trabalhava durante as férias da universidade. E isso não só porque a casa paroquial era muito rústica e espartana. Durante as visitas pastorais, Müller dormiu no chão de terra nas pobres casas de barro dos camponeses, sobre uma pele de alpaca, tendo de suportar o incômodo das pulgas e dos porquinhos-da-índia. Teve de caminhar a pé por caminhos íngremes de montanha até aldeias que se encontravam a 4.300 metros de altitude, desafiando o frio e a chuva de granizo. Comia junto com os camponeses, geralmente sopa de batata e milho cozido. Comia-se carne muito raramente. Os camponeses daquela região comiam carne apenas oito vezes no ano, sobretudo durante o cultivo dos campos, na semeadura, na colheita e durante as festas. Müller conheceu também a "*faena*" [mutirão], o trabalho comunitário gratuito para melhorar a situação da aldeia, e também outros elementos da cultura tão particular dos camponeses. Celebrou junto com eles as suas festas e aprendeu, apesar da pobreza, a apreciar a capacidade deles de serem felizes e a sua religiosidade popular. O professor de Dogmática de Mônaco inseriu-se com simplicidade nos grupos de encenações bíblicas durante os cursos para os catequistas das aldeias, aproximando-se assim também da cultura quíchua. Ao cuidar dos doentes, compartilhou a dor das pessoas mais pobres. Quando era necessária uma operação nos hospitais de Lima, empenhava-se por consegui-la, pois era algo que geralmente estava fora do alcance dos pobres. Sem a ajuda de ninguém, geralmente as doenças levavam à morte. Müller pôde conhecer diretamente os efeitos da exploração secular dos pequenos agricultores por parte dos latifundiários e da política agrária do governo, concentrada mais na exportação em desvantagem dos pequenos agricultores.

Graças a Gutiérrez, pôde conhecer também a vida de São Toribio de Mogrovejo, o segundo bispo de Lima. Ao contrário da tradição colonial, esse bispo valorizou as populações quíchuas e a sua cultura incaica e as defendeu contra toda prepotência. Visitou essas populações durante as viagens pela sua imensa diocese, reuniu em Lima dois concílios, que contribuíram para a enculturação da fé, como se diria hoje. A proximidade humana dos camponeses levou-os a se aproximarem da fé.

Nessa tradição se inserem não só as visitas pastorais às vezes extremamente difíceis nas comunidades mais distantes, mas também o empenho de Müller em manter cursos de Teologia no seminário de

Cuzco. Ali tivemos de nos confrontar com grande dificuldade devido ao baixo nível de instrução escolar dos seminaristas e à escassa preparação de alguns professores, que às vezes se limitavam a ler diretamente dos manuais. Não podíamos, portanto, basear-nos nas aulas já tidas em outras matérias. Partindo das nossas duas matérias, ele teólogo dogmático e eu teólogo pastoral, decidimos desenvolver um método de ensino teológico integral, para ajudar os candidatos ao sacerdócio a ter uma visão de conjunto da estreita conexão dos conteúdos da fé e da relação entre fé e vida. A partir de uma perspectiva bíblica, dogmática e pastoral, tínhamos desenvolvido temas teológicos e levado os candidatos ao sacerdócio a elaborarem as lições de catecismo e as suas pregações. O professor de Mônaco, que conseguira desenvolver um projeto global de "dogmática católica" – coisa que nenhum dogmático faz atualmente –, depois traduzido em diversas línguas, certamente não teria dificuldades em ensinar Teologia num seminário do Peru, adaptando-a ao contexto e de um modo criativo, exatamente como escreveu no prefácio à sua dogmática:

> É característica do interminável processo de apropriação da fé no pensamento humano a tensão entre a definitiva revelação de Deus na história e toda nova tentativa de traduzi-la nos horizontes mudáveis do conhecimento e nos diversos contextos do destinatário da revelação.[2]

O horizonte de compreensão de Müller se estende até todo o Surandino e o Gran Sur. O Surandino abrange as dioceses e prelaturas de Abancay até Juli, no Lago Titicaca. Aqui bispos de grande personalidade como Luís Vallejos, Luis Dalle, sobrevivente de um campo de concentração nazista, Albert Königsknecht, Luciano Metzinger, Jesus Calderón, Alban Quin ou Elio Perez, criaram, no espírito do Vaticano II, uma *communio* de Igrejas locais. Juntos desenvolveram, sustentados também pelas inumeráveis visitas e conferências de Gustavo Gutiérrez no Surandino, uma evangelização enculturada, que

---

[2] G. L. Müller. *Katholische Dogmatik. Für Studium und Praxis der Theologie*. Freiburg im Breisgau, Herder, 1995.

unia fé e vida segundo o espírito de Medellín e Puebla. Defenderam os camponeses das injustiças da violência estrutural e política e, em razão dessa sua obra crítica e profética, ao mesmo tempo não eram certamente amados pelas autoridades políticas. Müller aprendeu a conhecer e apreciar essa forma de evangelização e esse modo de a Igreja viver. Defendeu esses bispos contra a nova geração de bispos, que procurava desacreditá-los com a afirmação de que eram capazes apenas de um fácil "horizontalismo" e "sociologismo" e que a verdadeira evangelização começava, ao contrário, com essa nova geração. Isso quer dizer que Müller conhece bem também as duras controvérsias desse tipo dentro da Igreja, diretamente ligadas à Teologia da Libertação e ao próprio Gustavo Gutiérrez.

O fato de Müller ser apreciado pela outra geração de bispos tem uma explicação muito simples. No contexto de um seminário da faculdade de Teologia da Universidade de Friburgo (Suíça) sobre a enculturação, realizado no Gran Sur, ou seja, nas regiões andinas do Peru, da Bolívia e do Chile, Müller e eu fôramos convidados para uma consulta teológica pelos bispos dessa região reunidos em conferência perto do lago Titicaca.

Essas intervenções teológicas se estenderam depois a toda a América Latina. Por exemplo, como presente de aniversário pelos 70 anos de Emilio Stehle, bispo de Santo Domingo de Los Colorados, no Equador, tínhamos orientado os exercícios para o seu clero. O Bispo Stehle, por sua vez, nos agradeceu com os seus relatos noturnos das experiências pessoais sobre os esforços de paz na América Central e, também, da sua visita a Fidel Castro em Cuba, onde os dois, por uma noite inteira, discutiram problemas teológicos, sociais e políticos. Como bispo de Regensburg ou, depois, como prefeito da Congregação para a Doutrina da Fé, Müller continuou a ser convidado para relações e conferências, por exemplo, pela Conferência dos Bispos do Brasil, pelo CELAM, no México, pela Universidade Católica de Lima. Por esta universidade foi condecorado com um doutorado *honoris causa*, como já havia acontecido com o Cardeal Joseph Ratzinger, o futuro Bento XVI, e com o Cardeal Oscar Rodriguez Maradiaga. O Cardeal Rodriguez e Müller defenderam essa universidade de diversos ataques.

Müller se interessa também por questões internacionais, globais, sobretudo onde os problemas concernem à vulnerabilidade dos pobres no espírito e em particular à opção pelos pobres. Assim tomou parte, junto com bispos e cardeais da África, da Ásia e da região do Pacífico e da América Latina, e também com especialistas internacionais, de um simpósio sobre as mudanças climáticas organizado pela Misereor, a obra da conferência episcopal alemã para a cooperação para o desenvolvimento, no Vaticano, em Santa Marta.

Exprimir a sua solidariedade com quem sofre era, para Müller, uma coisa totalmente normal. Por exemplo, durante uma visita à Colômbia, quando nós da Misereor estávamos guiando uma delegação de bispos da Europa e da América do Norte. A convite dos bispos da região ocidental da selva da Colômbia, tivemos várias discussões em nível político, chegando até o presidente Uribe, para deixar claro que os atos de violência e a violação dos direitos humanos deveriam estar em constante observação e serem criticados em nível internacional. Entre outras coisas, visitamos também Bella Vista para recordar o massacre de 119 pessoas que tinham sido assassinadas numa igreja. Os habitantes da aldeia, todos descendentes de escravos africanos, foram pegos no meio do fogo cruzado da guerrilha, do exército e dos paramilitares.

Müller participou também da comemoração do 30º aniversário da morte do Arcebispo Oscar Romero, em Salvador. Durante o seminário citado, Gustavo Gutiérrez sempre se referiu às testemunhas da fé na América Latina e ao extraordinário testemunho de Oscar Romero. Em El Salvador, ele não só participou da celebração litúrgica, mas juntos visitamos a "Tutela legal", uma instituição excepcional do arcebispado de San Salvador, que, sem medo, como o próprio Oscar Romero fazia, empenhava-se pelo respeito dos direitos humanos durante e depois da guerra. O empenho dos colaboradores dessa

III. Pobreza: o desafio da fé

instituição é admirável, se considerarmos o fato de que estão pessoalmente expostos a perseguições, chegando ao assassinato de seus líderes. Visitamos o lugar onde os seis jesuítas e as suas domésticas foram assassinados. Tivéramos colóquios com dois ministros e um encontro com o representante do governo para os direitos humanos.

No momento em que Müller, como prefeito da Congregação para a Doutrina da Fé, se empenhou no processo de beatificação de Oscar Romero, pôde basear-se no estudo intenso dos escritos e das homilias de Romero, bem como no conhecimento do contexto social e político no qual o arcebispo Oscar Romero atuou e viveu.

Essa "vida latino-americana" de Müller, marcada pela amizade com Gustavo Gutiérrez, pode, por um lado, parecer interessante. De modo algum, porém, foi um caminho fácil de percorrer. Para Müller significou também permanecer firme nas dificuldades e nos incômodos, sobretudo durante a partilha da vida dos pobres nos Andes peruanos. Passar da vida cômoda numa grande cidade como Mônaco para uma vida sem serviços de higiene, sem chuveiro, sem água potável, sem eletricidade, não foi fácil; ao mesmo tempo, levou sabiamente a adaptar-se a um estilo de vida muito simples e elementar.

Por outro lado, o seu compromisso pela defesa da Teologia da Libertação provocou diversas hostilidades contra ele, às claras ou às escondidas. Hostilidades que chegaram até a calúnia diante da autoridade eclesiástica e até do papa. Quando em determinados períodos, muitos, sobretudo bispos, evitavam a palavra "Teologia da Libertação" – como o diabo foge da cruz – ou preferiam morder a própria língua a pronunciá-la publicamente, porque a consideravam inoportuna ou tinham medo que provocasse, talvez, alguns danos, Müller publicava, por sua vez, artigos sobre a Teologia da Libertação, dedicando a ela um número inteiro da revista *Münchner Theologischen Zeitschrift*.

Na sua ordenação episcopal, transmitida pela televisão, Müller convidou Gustavo Gutiérrez, que, durante a concelebração, estava

155

no altar junto com Joseph Ratzinger, então prefeito da Congregação para a Doutrina da Fé. Gustavo apreciou muito esse convite e o viu como um sinal de amizade exatamente no momento em que, no Peru, pelo contrário, recebia visitas de algumas pessoas apenas de noite, como Nicodemos no Evangelho de João.

É importante notar que muitos ataques contra a Teologia da Libertação e contra o que representa o seu núcleo, a opção pelos pobres, chegaram de determinados grupos de interesse da América Latina, e Roma teve de reagir a essas acusações. O Prefeito Joseph Ratzinger foi quem, pouco antes da sua eleição para papa, concluiu o processo do Cardeal de Lima contra Gutiérrez. Para isso, tinha consultado Gerhard Ludwig Müller. Apesar de todas as tensões, as suspeitas e as acusações sobre uma pressuposta falta de ortodoxia, Müller sempre manteve abertamente a sua amizade com Gustavo Gutiérrez e defendeu, agradasse ou não, a sua teologia. Isso provocou inimizades tais que determinados grupos usaram decididamente esse argumento para tentar impedir a sua nomeação para prefeito da Congregação para a Doutrina da Fé. Contudo, falharam nessa tentativa. O Papa Bento XVI mirou na ótima competência teológica de Gerhard Ludwig Müller e o nomeou prefeito em julho de 2012.

Com Francisco há agora um papa que provém da Igreja latino-americana e para quem a opção pelos pobres e a "Igreja dos pobres" são centrais. A Conferência Geral das Conferências dos Bispos desde Puebla até Aparecida, onde o então cardeal Bergoglio presidia a comissão de redação, fala dos muitos rostos sofredores dos pobres nos quais reconhecemos o rosto sofredor de Jesus Cristo. Isso influencia também a compreensão cristológica de Müller. Para isso esteve conscientemente no mundo dos pobres. O que Gustavo Gutiérrez viveu como pároco num bairro pobre de Lima, e Papa Francisco como Cardeal nas periferias de Buenos Aires, corresponde ao que Müller experimentou na periferia da zona rural dos Andes peruanos.

A amizade entre o teólogo da libertação Gustavo Gutiérrez e o prefeito da Congregação para a Doutrina da Fé, Gerhard Ludwig

Müller, é algo que os enriquece pessoalmente, bem como o seu modo de ver a Teologia, a Igreja e o mundo. É uma amizade que produz frutos também para a Igreja, que é chamada a evangelizar e a proclamar que a libertação redentora, dada a nós por Deus mediante Jesus Cristo, é para todos, especialmente e sobretudo para os pobres.

Fontes

A fé: verdadeira riqueza da Igreja, *Lectio magistralis*, 26 fev. 2013, na Facoltà Teologica del Triveneto di Padova, por ocasião da inauguração do ano acadêmico.

Do Deus dos mortos ao Deus dos vivos, *Lectio magistralis*, 25 nov. 2013, na Pontificia Facoltà Teologica dell'Italia Meridionale, por ocasião da inauguração do ano acadêmico.

A América Latina e a Teologia da Libertação hoje, parcialmente em *Rheinischer Merkur*, n. 11, 13 mar. 2009. *Gustavo Gutiérrez: o homem, o cristão e o teólogo*. In: Stefan Pauli (org.). *Theologen unserer Zeit*, Stuttgart: Kohlhammer, 1997, pp. 125-138.

Examinai tudo e ficai com o que é bom. Artigo publicado em *L'Osservatore Romano*, 23 dez. 2011, pelos 25 anos da Instrução *Libertatis conscientia* sobre a Teologia da Libertação.

Palavra de Deus e sinais dos tempos, com base na relação proferida por ocasião da apresentação do volume de Ludwig Gerhard Müller. Gustavo Gutiérrez. *Dalla parte dei poveri* (Bologna, Emi, 2013), Basilica di Santa Barbara (Mantova), 8 settembre 2013.

Desafios para a teologia no horizonte contemporâneo, *Lectio magistralis*, 13 fev. 2014, por ocasião da inauguração do ano acadêmico da Facoltà Teologica dell'Italia Settentrionale.

Impresso na gráfica da
Pia Sociedade Filhas de São Paulo
Via Raposo Tavares, km 19,145
05577-300 - São Paulo, SP - Brasil - 2014